あなたが目覚める愛と性のギフト

至福の男女関係をつくる
［6つの封印解除］

✴

Sexual Power Bible

真実の性の語り部
夏目祭子
Natsume Matsuriko

徳間書店

あなたが目覚める愛と性のギフト

至福の男女関係をつくる［6つの封印解除］

目次

《第2の封印解除》女性から男性へと流れ込むエネルギー　61

《第3の封印解除》

自分の体を愛すると恋愛の質が高まる

《第4の封印解除》「いつくしむ性」を知れば愛し愛される力があふれる　

《第5の封印解除》

月経と出産が女にとって「快感」になり得る

装幀　坂川栄治＋鳴田小夜子
（坂川事務所）
イラスト　吉濱あさこ
写真　時事、アフロ、時事通信フォト、
Granger／ＰＰＳ通信社

プロローグ――性の感覚は、美しくて豊かなもの

私たちの内側に、ある「資源」が眠っている。

それは、誰かと親密な愛情を交わし合うことから生まれる豊かな力。

だけど、今この世界に生きる人たちの実態を見ると、もともと人間に与えられている、このあふれるほど豊かな愛を交わし合える能力に、封印を施《ほどこ》されているかのよう。

それはきっと、私たちにとって「本当に価値ある美しいもの」が、あたかも「下品で醜いもの」であるかのように扱われてしまっているから。

その価値あるものとは、私たちの「性」のこと。

そう、私たちはもうずっと長い間、性的なことは「下品でイヤらしい下ネタ」で、「恥ずかしくて人前では話せないこと」という社会の空気に慣らされてきました。

だけど、その空気こそが、私たちの恋愛を不自由にし、結婚を不完全なものにしていることに、あなたはお気づきでしょうか。

✴ 恋愛・結婚の悩みの裏には「性の問題」が隠れている

何しろ21世紀の日本では、恋愛やセックスに苦手意識があって、その機会を遠ざける男女が急速に増え続けています。というのは、独身かつ恋愛のパートナーを持たない「おひとり様」と、パートナーがいても「セックスレス」状態の夫婦や恋人たちの割合が、史上かつてないほど上昇し続けているから。

たとえば、独身者の中での「おひとり様」率は、この十数年で着々と増え続け、一般的な恋愛・結婚適齢期とされる18〜34歳でも、女性は6割、男性は7割にも達しているという（2015年、国立社会保障・人口問題研究所調査）。その5年前の2010年には女性が5割で、男性は6割。さらに5年前の2005年には女性は45％、男性が5割だったのを見ると、その急増ぶりがわかるというもの。

その一方で、たとえ結婚できても、その絆《きずな》を維持できずに、離婚にいたる夫婦が増え続けているという事実。離婚原因の中で最も多い「性格の不一致」の中には、実は「性の問題」がかなり大きな割合を占めていることは、知る人ぞ知るお話です。

恋愛や結婚に対する「もう一歩、**積極的に踏み込めないためらい**」や、「**相手がいても、ど**

こか満たされない不完全燃焼感」の裏には、必ずと言っていいほど「性の問題」が隠れています。それだけ多くの人が、性に対して「**いけないことをしているような罪悪感**」や、「**心の底から楽しめていない苦手意識**」を抱え持っているということです。

今、数十年前よりも恋愛や結婚を難しく感じる男女が増え続けている原因は、一つには社会的な事情も背景にあります。

第一に、相手を見つけにくいという点について。いい悪いは別にして、昔の社会にはあった、自分が所属している地域や職場などの生活集団の中で「自然に周りの人たちから出会いや結婚がお膳立てされる仕組み」が失われてしまったこと。

第二に、性生活がうまくいかないという点については、太古から戦前頃までは存在していた、「性の肝心なところを教育する場」が消えてしまった影響が大きいでしょう。

こうした事情が絡まり合って、今や多くの人たちが、「**自分の性を心の底から肯定して、愛する人と本能的な喜びを分かち合う体験**」から遠ざけられているからだといえます。

そこでもし、なかなか人に言えない、性という「心の中の闇の部分」に光を当てることができれば、性別にかかわらず、自己肯定感が大きく高まるし、本来誰もが持っている「人を愛する力」も、屈折することなく素直に発揮されやすくなるのです。それを私は、日々実感しています。

さて、自己紹介が遅れました。私は「真実の性の語り部」として、「**人間が生まれ持つセクシャルな感覚や能力の、本当の美しさ・豊かさ**」についてお伝えし、自分一人でも、パートナーと二人でも実践できる簡単なボディワークを通してそれを〝体感〟してもらう講座を、2002年から全国各地で開いてきました。あわせて、性と愛をメインテーマにしたカウンセリングなどの個人指導も続けています。

そこで出会った人たちの多くが口にするのが、

「**とても具体的な性の話なのに、まるで太陽の下、青空の下で聞いているようにすがすがしかった**」

という解放感や、

「**自分が女に生まれたことがずっとイヤだったけど、初めて嬉しいと思えた**」

といった自己肯定感。

そして、今、パートナーがいる人でも、いない人でも、

「**これからもっと誰かと深く愛し合うことができる**」

という自信の回復なのです。

最近では、多くの人が、「**もう自分の性の問題について、見て見ぬふりができない**」と気づき始めています。だけど、そこでムクムクと湧いてくるのは、「性に関することを猥談《わいだん》としてでは

なく、まじめに話す機会が身近にない」という不満と、「新しい命を産むような〝いいこと〟のはずなのに、どうしてイヤらしいこととして扱われているんだろう？」という素朴な疑問。

そのモヤモヤした空気は、次の三つの方向からきています。


一つ目は、家庭で「親が子供に隠す」こと。

たとえば、子供から「どうやって赤ちゃんがお腹に入るの？」と聞かれても、その話には触れないように言葉を濁したり、テレビで男女の濡れ場が出てきたら子供に見せないようにチャンネルを替えたり、ましてや自分たちのセックス現場は子供には絶対見せられない！とコソコソ隠れてすることになる。そんな親たちの態度を見て育った子供は、それは「いけないこと」「後ろめたいこと」のような感覚を受け取るというわけ。

二つ目は、学校で「そこだけ教えない」こと。

実際に文部科学省の学習指導要領では、月経や射精といった男女それぞれの体の仕組みと、妊娠・出産の仕組みについては教えるけれど、その間をつなぐセックスの行為には触れないことに決められています。それはちょうど、卵子と精子が受精にたどり着くまでの肝心なプロセスが「ブラックボックス」の中に隠されていることになります。

三つ目は、商業メディアで「ことさらに性をイヤらしく描き、暴力的な表現が目立つポルノ情報があふれている」こと。

この三拍子が揃うと、とてもマズイことが起きます。

というのは、「性行為ってどうやればいいの？」という素朴な疑問に対する的確な答えを、親からも先生からも教えてもらえず、好奇心だけがかき立てられた少年少女たちが、真実とはかけ離れた、ことさらにイヤらしく暴力的に歪《ゆが》められた、ＡＶ（アダルト動画）などのポルノ情報を〝性の教科書〟として学習してしまうことなのです。

これはなにも、今どきの青少年に限った話ではなくて、戦後に育った中高年世代にも当てはまること。そうして、いびつに歪められた性の姿を、当たり前のように意識に刷り込まれて育った今の大人たちが、子供に性について語れない原因は、ざっくり三つ。まずは、イヤらしい気がして恥ずかしいから。次に、自分もきちんと教わったことがないので、適切な言い方がわからないから。さらに、自分があまりいい性体験をしていないために積極的に話せないから。

これはつまり、子供や若い人たちへの性教育以前に、**まず性の現役世代の大人たちにこそ、「本当の性の学び直し」が必要**ということなのです。

いったいなぜ、こんな世の中になっているのでしょうか？

✴「聖なる性」が「下劣なもの」に転落した原因

ここで、その大本となる原因をお伝えすると、実は私たちの世界では、性を下劣なものと思い込ませる、歪んだマインドコントロールが働き続けているからだと言えます。しかもそれは、マスメディアによるポルノ情報の発信が盛んになった現代だけの問題ではなくて、元をたどれば数千年も時代をさかのぼる、古代から始まっていた、根深い歴史があるのです。

では、性的なことが歪められることなく尊重されていたのは、いつの話かというと、日本なら「縄文」の時代にまでさかのぼることが必要。これは日本にかぎったことではなく、西洋から中近東では、紀元前に各地で栄えたさまざまな石器文明、また、中米ではマヤ文明、アジアでは漢代以前の中国や、カースト制度がなかった頃のインドなどがそれに当たります。

その共通点をひと言でいうと、たとえば現代のように目に見える物質に重きを置いて、見えないものは無視するルールで成り立つ社会を「物質文明」と呼ぶなら、それとは逆に、目に見えないものを尊重して、見えるものより上位に置くようなルールで成り立つ「精神文明」と呼べる社会だったということ。そこでは、「**人間に備わる本来の、性的能力の豊かさ**」を人々が実感し、大切にしていたと考えられるのです。

なぜなら、そうした文明の遺跡には、人々が祈りを捧げる聖地や神殿などの信仰の場所で、お約束のように男女の性器をかたどった造形がたくさん見つかっているから。これは、当時の人々にとって、性が「**この世界に命を産み出す、尊い力の象徴**」として、「**聖なるもの**」と**扱われていたこと**を意味しているといえるでしょう。

また、女性が女神に近い存在のように尊重されていたことも大きな共通点。それは、大地母神《だいちぼしん》――つまり大地を産んだ母としての女神信仰が息づいていたことや、縄文の土偶のように、ふくよかな女体を表現した塑像ばかりが数多く発掘されていること、さらには生まれた子供を母方の一族に加えていく母系制社会の仕組みがあったことなどから推測できるのです。

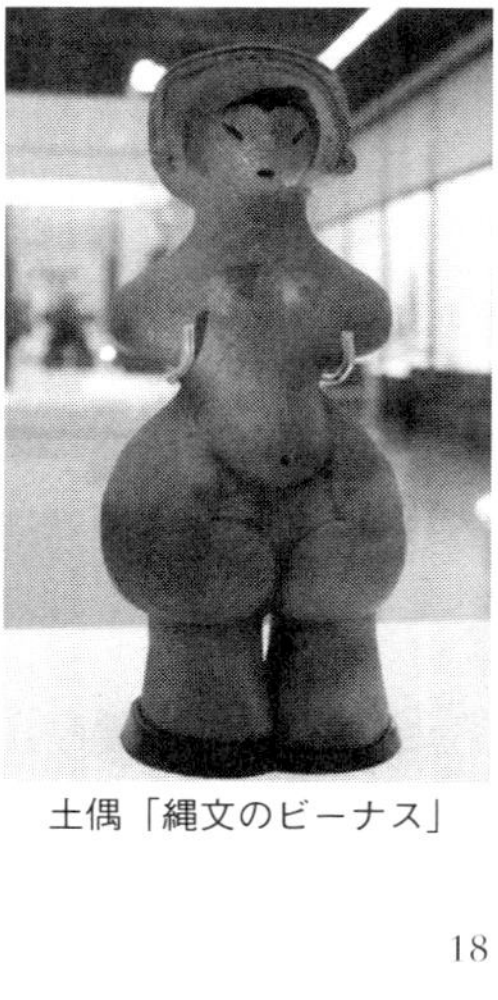

土偶「縄文のビーナス」

太古の世界では当たり前だった「聖なる性」の感覚が、どうして今のように「エッチで下劣なもの」へと転落していったのかというさまざまないきさつについては、拙著『なぜ性の真実「セクシャルパワー」は封印され続けるのか』（ヒカルランド、旧題『性に秘められた超スピリチュアルパワー』）の中でも、詳しくお話ししてきたので、あわせてご覧ください。

簡単に言うと、**男女が一つに結ばれることから生まれる大きな力**が、「下品で恥ずかしいこと」として制限されたために、私たちはその力を十分に発揮できなくなった。

さらに、そんな下品な行為へと男を誘い込む女は「卑しい人種」だと貶《おとし》められたからこそ、**女たちは自分を無力な存在だと誤解する**ようになった。

それらは、世界各地で、ひと握りの権力者たちが、大勢の庶民の力を弱めて、支配しやすくするためにつくりあげた、大がかりな〝迷信〟の数々だと言えます。

そんな古臭い迷信が、実は今の社会の価値観の中にも、脈々と生き続けています。そのせいで、本来、男女の体は「一緒にいるだけで元気になる仕組み」に造られているのだけれど、逆に「力を奪い合って消耗《しょうもう》する関係」になりやすくなっているのです。そして、その行き着いた先が、21世紀の日本で急速に進行している「夫婦のセックスレス化問題」だといえます。

✴日本のセックスレス急増は、逆に明るい未来の前ぶれ？

2000年以降のこの十数年間で、セックスレス夫婦の割合が驚くほど急上昇しているのをご存じでしょうか。2010〜17年にかけてのさまざまな調査結果（日本家族計画協会ほか）を見ると、その比率は、なんと2組に1組程度にまで増加しています。

その理由は、もう若くないから？　性欲が失われたから？　愛情がなくなったから？

いいえ、現代のセックスレスの特徴は、そのすべての原因が当てはまらないケースが増えているところにあります。たとえまだ若くて、肉体的には問題がなくても。たとえ性欲自体は持っていても。たとえ相手を愛してはいても。それでも、行為そのものは「やりたくない」と避ける人たちが、男女ともに、幅広い世代で増え続けているのだから。つまり今は、「夫婦とは性関係を分かち合うカップルのこと」という太古の昔からの原則が、史上かつてないほど崩壊している時代なのです。

ただ、夫婦の絆は性の営みだけではないし、セクシャルなことに欲求が働く度合いは個人差があるので、セックス以外のスキンシップでお互いが満たされている仲良しカップルであれば問題はないでしょう。それが問題となるのは、どちらかが「したい」と思っているのに相手が応じてくれない場合や、実は「できれば、したい」気持ちはあるのに、さまざまな理由で「できないから、したくない」というジレンマを抱えている場合。さらに、子供がほしいけれどもセックスはしたくない、もしくは「したいけど、できない」という場合は、もっと悩みが深い。その奥には、個人的な事情を越えた、もっと大きな社会的事情が横たわっているのです。

なぜ、相手がいてもセックスをしたくないのか？

そこで、私がこれまで相談を受けてきた人たちの実態と、世の中の情報を照らし合わせていくと、男女それぞれ二つの代表的な理由に集約されることが見えてきました。

まず、男性の理由の第一は、「**疲れるから**」。言葉は違いますが「面倒だから」というのも、ここに含まれます。

たしかに、日本の働く男性は、労働時間が長くて、慢性的にお疲れぎみの人が多い。だから、家に帰ってそのうえセックスなんて、よけいに疲れる面倒なことは勘弁してよ、となるというわけ。

だけど、「セックス＝疲れるもの」という現代の感覚は、実は大きな誤解なのです。本来、**男女の性行為は「疲れが癒《いや》されるもの」**で、**「生命力が再生されて、元気が出るもの」**というのが当たり前だったのだから。これはつまり、世の中で常識とされているセックスの「**方法そのものが間違っている**」ことを意味しています。

そして、男性がパートナーとのセックスを拒《こば》む、第二の隠れた理由は、**「イヤらしい気分になれないから」**。これは、現代の男性が、ＡＶを〝性の教科書〟として学習してきたことから生まれた大きな弊害《へいがい》です。つまり、ＡＶのようにイヤらしく興奮した気分にならないと、セックスができないように「脳の回路ができてしまっている」のだと、ある40代の男性は証言してくれました。

「妻を愛してはいるけれど、恋人時代と違って、子供たちの父母となり家族的な愛に変わったら、セックスできなくなった。でも性欲はあるから、妻に内緒でＡＶを観ながらマスターベーション（自慰）をして欲求を処理している」と。

なんという「もったいない」ことでしょう。愛する人がそばにいるのに、性への欲求が湧き起こっても、そのエネルギーを愛を深めるためには使えず、ただひそかに捨てるしかないのだとは。

ここにも大きな誤解があって、本当は、愛が家族的にリラックスできる関係へと深まってからのほうが、むしろ性の至福を味わえる条件が整ってくるのです。ところが、この点でも、世の中の性のイメージは、真逆なものになっています。つまりそれほど、私たちの社会では、**性というものの「イメージが歪められている」**ということなのです。

一方、女性のセックスをしたくない理由もまた、やはりセックスという行為の「方法が間違っていて、イメージが歪められている」ことと直結しています。

第一の理由は、**「肉体的に苦痛だから」**。

これは、男性と同じように、仕事や子育てで「疲れている」場合も含みますが、実は女性の側は、たとえ疲れていなくても、それを口実にして断ることがあり、その裏には「苦痛」を隠している場合がよくあるのです。つまり、**多くの女性が、行為の最中に「痛み（性交痛）」を経験している**ということ。

けれども、この重要な事実は、相手の男性には伝えられないことが多いのです。なぜなら、女たちの中で「ムードを壊したくない（気まずくなりたくない）」「相手を傷つけたくない」という心理が働くから。

そのため、セックスの時間は、（痛いほどではなく、ただ「気持ちよくない」という場合も含めて）とにかく「早く終わってほしい」と思いながら、男性が欲求を果たし終えるまで、痛みやしんどさをガマンし続けているという女性は少なくないのです。

このために「自分は不感症ではないか」とひそかに自己評価を下げている女性もいれば、もっと悪いことに、元夫や別れた恋人から「お前は不感症じゃないか」と決めつけた言葉を浴びせられ、トラウマになってしまったというケースも少なくありません。だけど、私は声を大にして言います、それは「無実の罪」なのだと。

女たちが苦痛を感じるのは、世の多くの男性が、女性の体の適切な扱い方を知らないことが原因です。つまり、セックスの「方法が間違っているから」。なにしろ、男たちがお手本にしてきたAVは、そもそも「男性が一人で、すみやかに効率よく射精を行うため」に構成された「ファンタジー」(仮想の物語)なのだから。これでは男性は、自分とは性質の違う、生身の女性の本当の感覚を理解することはできないと言っていいでしょう。そう考えると、間違いを学ばされた男たちもまた、現代社会の被害者だといえるのです。

では、女性がセックスをしたくない第二の理由は何かといえば、「**精神的に苦痛だから**」。つまり、**セックスに対して嫌悪感や恐怖感など、もろもろのネガティヴな思いを抱えている**から避けたくなるということ。これは、結婚から出産まで、一見、普通に性生活をこなしてきた女性にも当てはまることがあります。そこには、その女性の個人的な問題と、全女性が共有する歴史的に根の深い問題との、両方が絡み合っているのです。

個人的な問題でいえば、これまでの人生で経験した、さまざまな形の「性暴力」が、心の傷として残っている場合が少なくありません。また、そうした暴力を受けた経験がない場合でも、なぜかパートナーとセックスをすると「相手に奪われている感じ」や「体を利用されている感じ」がして、あまり嬉しくない、という声も聞きます。

こうなると、世界が数千年前に「男尊女卑の思想」に染められて以来、女性の体が「跡継ぎを産むための道具」、または「男性の性欲を解消するための道具」であるかのように扱われてきた時代の悲痛な感情が、私たちの集合意識の中に積もっていることも影響しているに違いありません。だからこそ今、私たちは**性行為の方法とイメージの両方を塗り替える必要がある**のです。

さて、夫婦間のセックスレス問題は欧米にも存在します。けれども、これほど急増しているのは日本だけの現象だと、世界からも不思議がられています。「だから少子化が進むのだ」と将来を憂う人たちは多いでしょうけれど、実は私はこの現象に、逆に「明るい未来」を感じていると言ったら驚くでしょうか。

なぜならこれは、多くの日本人が、これまで常識とされてきた、でも実は「本来の自然な性よりも暴力的に歪められたセックスのイメージや方法」に、無意識のうちにも違和感を覚え、体で拒否し始めたということだから。それなら、本書で紹介するような、歪められる以前の、人間が本来持つ能力を十分に活かした、豊かな性の味わい方を知ることができれば、新しい形で男女の「セクシャルなコミュニケーション習慣」が活発になっていくのではないかと私は予想しています。

つまり、今のセックスレス急増現象は、いったん古い形のセックスを手放して、**日本人のセクシャル・コミュニケーション能力が進化する前ぶれ**とも読めるのです。

✴性に対する「誇り」を取り戻そう

私がなぜ、性について人に教える立場になったのかと考えた時、そもそも私は子供の頃から、セクシャルな感覚に対して「まったく罪悪感がなかった」ということに思い当たります。

私は人生の早いうちから、お腹の奥底の子宮や、膣《ちつ》周辺にうずく「甘やかな感覚」に目覚めていました。記憶にあるのは小学校に上がる前からだけれど、いつもその自分の中から湧き出る性的な感覚を「よいこと」とする、絶対的な信頼感があった気がします。だからこそ、性的な「快」の感覚に身を任せて、それを惜しげもなく表現することを「誇らしいこと」と感じていたのです。

その代わりに、思春期から30代にかけて、性そのものとは別の部分で、激しい自己否定や罪悪感に悶々とする経験を何度もしてきました。自分の体の一部を醜いと思い込んで、体をいじめるような拒食的なダイエットを延々と続けたことや、その反動で起こった嵐のような過食の発作で自虐的になったのも、その一つです。それでもどうしてか、自分の内部に湧き立つ「性の力強い感覚」という軸だけは、揺るぎないものがありました。

私にとって、常に性は「恥」ではなく「誇り」だったのです。

おそらく、ここが重要な核心なのでしょう。というのも、古代に世界各地の支配者たちが始めた、性を歪めるマインドコントロールというのは、庶民に「性に対する罪悪感」を埋め込むことを柱としていたから。自分の内側から自然と湧き上がるものに罪悪感を持たされると、人は正常な判断力を持てなくなってしまいます。そうして、「美しく価値あるもの」を、「恥ずべき卑しいもの」として粗末に扱うようになった、その行き着く先が、現代のように性暴力・性犯罪がはびこる世界だったというわけです。そんな世界は、そろそろ終わりにする時が来ています。「こんなの、おかしい」と多くの日本人が気づき始めたのが、その合図だといえるでしょう。

性にまつわる、どこか恥ずかしい、後ろめたい感覚が、実は「意図的に刷り込まれたもの」だとわかると、私たちは自分の中に秘められていた「**全身全霊で愛し合う力**」を取り戻すことができるようになります。

この本では、あなたがこれまで抱えてきた、性に対するネガティヴな思いや、忘れたい忌まわしい記憶を拭い去るのに役立つお話をしましょう。そして、痛みや気まずさを伴わない、全身全霊が「快」で満たされる、至福の性を味わう方法についてもお教えしたいと思います。

今の時代に必要なのは、まず性の現役世代の大人たちが、性について心の底から理解して、自分の中のセクシャルな感覚や体験を、喜びをもって受け入れられるようになること。そうすれば、わが子であれ、他人の子であれ、次の世代の若者たちに、性を「自分を貶《おとし》める気まずいもの」としてではなく、**「自分を誇りに思えるような喜ばしいもの」**として語り伝えていくことができるから。

太古の祖先より受け継がれてきた、私たちの遺伝子のどこかに眠っているはずの、「美しくて豊かな性の記憶」を呼び覚ますお話と実践法を、これからたっぷりお伝えしていきます。

長い間、封印されてきた「性という宝物《ギフト》」を受け取るために、私がお届けする〝六つの鍵〟を使って、その封印を解除していきましょう。

権力者たちによって封印され、性教育では伏せられてきた性の真実は、次の六つです。

〈封印された性の真実〉

その一、性の本質はエネルギーの交流だということ。

その二、女性から男性へと流れ込むエネルギーの存在。

その三、女性から発する性欲の豊かさ。

その四、性は物事を動かす力《パワー》を持つということ。

その五、月経も出産も女性にとって快感になり得《う》ること。
その六、性行為は自然界との調和の中にあるもの。

本書では、このすべてをお伝えしていくことにします。

《第1の封印解除》

性の営みの本質はエネルギー交流

私たちが生まれ持つ「性」の働きは、とても美しい。
――これは決して、言葉だけのキレイごとではないのです。
なぜ、性は美しいといえるのか?
それなら、汚い・下品・恥ずかしいというイメージはどこからきたのか?
初めにそれをハッキリさせておきましょう。

第1の封印ケース:ハル子さんの困り事(既婚)

「夫のことは愛しています。だけどセックスを求められると、つい体調や仕事を言い訳にして逃げてしまいます。本当の理由は、セックスの時に男根を挿入されることに対して〝正体不明の恐怖感〟があって、いつも体がガチガチにこわばってしまい、ほとんど楽しめないからです。できれば夫の求めに喜んで応えてあげたいのだけれど、心と体がいうことをきかないのです」

ここに登場いただいたハル子さんは、数多くの女性が抱え持つ封印パターンの代表例の一人です。

第1の封印「性行為は、女性が男性の肉欲の餌食になる苦行である」

これは、今をさかのぼること数千年の昔、それまで世界の価値観が「調和的な女性性優位」だったものから「競争的な男性性優位」へと大きく方向転換した後に、「男性が女性と子供を所有する社会」となったために刷り込まれた考え方。

男尊女卑に染められた世界の中で、戦争があれば勝った国の男たちが、負けた国の女たちをレイプして征服欲を満たしたり、あるいは平和な時代でも、女たちは嫁ぎ先で「跡継ぎを産むための道具」のように扱われたりという歴史が続いてきました（世界の一部では、今も続いていることだけれど）。

さらに、宗教組織の権力者たちが「子づくり目的以外の性行為は、快楽にふけって卑しい欲望に堕《お》ちるものだ」と戒《いまし》める教えを作ったものだから、いつしか性の営みは、女性にとっては屈辱的な苦行として、男性にとってもどこか気恥ずかしいコンプレックスを伴うものとしてのイメージが刷り込まれたというわけです。

セックスを楽しめないと言う女性の中には、性行為そのものに対する、ハッキリなぜとは説明できない嫌悪感を隠し持っている人が少なくありません。それはおそらく自覚していない潜在意識の中で、この【第1の封印】が働いているからなのです。

こうした封印は、刷り込まれたイメージが誤解であるということが心底から腑《ふ》に落ちれば、解くことができるものです。

それでは、この根深い封印を解除する真実をお伝えしていきましょう。

✴性の営みは全身全霊が関わる体験

世界中のあらゆる文明の歴史には、ある一つの共通点があります。それは、かつて男女の性の営みが「聖なるもの」として取り扱われていた時代があったこと。

それは、日本でいえば縄文、ヨーロッパではケルト人以前の石器文明、アメリカ大陸ではマヤ族の都市文明など、世界各地で「人と自然が調和しながら平和な社会を築いていた文明」があった跡地を調べると、決まって当時の神殿や聖地などの「祈りの場」から、男根や女陰の形を表現した、大小さまざまな石や木でこしらえた作り物が見つかっていることからわかります。

この感覚は、現代人にはすぐには理解しがたいことかもしれません。もし今の社会で、そのようなものが応接間やセレモニー会場に飾られていたとしたら、とても悪趣味で下品に思われ、顰蹙《ひんしゅく》を買ってしまうでしょうから。つまり、「聖なる尊いもの」が「下品なもの」へと逆転してしまったわけですが、そこには当時と今とで世界全体の価値観も〝真逆〟になっていることが大いに関係しています。

わかりやすく比べるなら、その頃の世界は「**精神文明**」だったのに対して、今の世界は「物質文明」だということ。では、精神文明の特徴は何かといえば、「**目に見えないものの存在を、見えるものの上位に置いていた**」ことです。たとえば当時の人々は、自然界のあちこちに宿っている「精霊」や、天上の高い次元から地上に降りてくる「神霊」、亡くなった先祖の「霊魂」など、肉眼では見えないけれども、「エネルギーの変化する気配」として、確かにわかる存在から伝わってくる「意思」を感じ取りながら、その意思に従って現実世界の物事を運んでいました。

一方、現代まで続く「**物質文明**」は、それとは正反対で、「**目に見えるものを上位に置いて、目に見えないものを無視する**」という価値観で成り立っています。それがそのまま、私たち人間の「命」や「性」に対する見方にもつながっているのです。

今の世の中では、セックスをする間柄のことを「肉体関係」と言うけれど、性的な関係は「体のつながり」だけで成り立つものではありません。目に見える肉体だけでなく、肉体が滅びても生き続けるといわれる「霊魂」や、肉体の周りに広がる「オーラ」という言葉があることからもわかるように、私たちの命は、肉体の上に、目には見えないけれども気配として存在する「エネルギー状の体」も重なり合ってできています。

この「エネルギー体」の部分が、肉体を動かす生命力の源となっているため、エネルギー体が肉体から離れて、つながりを断ってしまうと、肉体は生気が抜けて、死を迎えるわけです。最近では、このエネルギー体が本当に存在すると証言する医師も少なくありません。

ということは、セックスをすれば、互いの肉体が触れ合い、つながり合うだけでなく、肉体の外側を覆い、そして内側にも浸み込んでいる「エネルギー状の体」も触れ合うことになる。エネルギーは固い形を持たないので、水のように混ざり合い、溶け合っていきます。つまり性の営みとは、お互いの全身全霊を一つに溶け合わせようとする行為なのです。

だから、世間一般でいわれている「体だけの関係」というのは、本当はありえない。それでも、自分では「心は使っていない、相手に体を貸しているだけ」と思えているとすれば、それは心を閉じて、相手のエネルギーが自分と混ざり合う感触のすべてを感じなくてすむように、感受性の一部を麻痺させているからなのです。でも、これでは、性の交流によって生み出されるはずの力を、ほんの一部しか体験できないことになります。

では、私たちが心を開き、全身全霊のすべての器官を使ってセックスをすれば、どういうことが起こるのか？　それを理解するには、まず私たちのエネルギー体がどんな動き方をするものなのか、知っておく必要があります。

目に見えないエネルギー体にも、あたかも血管や神経のように、決まった流れ道が存在しています。こうした事実を、世界各地の精神文明を生きた先祖たちはよく理解していて、体系的な教えとして伝え残しています。本書では、その伝統的な知恵を代表する二つの教え、東洋医学とヨガの言葉を使って、現代科学の情報も絡めながら、性エネルギーの豊かな働きについて解き明かしていきます。

まず東洋医学では、生命力の源となる「気」と呼ばれるエネルギーが、全身の内臓器官と皮膚を結ぶ「経絡《けいらく》」という14本の見えない通路を流れながら、全身をめぐっていることが確かめられています。それで私たちは、体を交わらせることによって、お互いの「気」をも交流させ、一つの輪となって循環させることになる。これは、お互いの持っているエネルギーの一部を交換し合うことだとも言えます。（【第4の封印解除】でも詳しくお話しします）

だから、セックスの体験の質は、「相手との信頼関係」にも大きく左右されます。

自分の中からふつふつと湧き上がる命の力を惜しみなく伝え、相手から伝わってくるものを遠慮なく受け取る。そんな開かれた心で肉体とエネルギー体を交流させると、やがて自分と相手との境界線が溶けてなくなるような「一体感」を感じられることでしょう。

この一体感が、私たちにとって大きな癒しになるのです。

なぜなら、普段の私たちは、自分以外のものとは切り離されているように見える、独立した体で生きているゆえの〝宿命的な孤独感〟を隠し持った存在だから。その切り離された感覚が消えていく「一体感」を味わうことが、大きな癒しと喜びになるからこそ、人は本能的に性の相手を求めるのだともいえます。

そして、もう一つの重要なこと。縄文をはじめとする石器文明の人々が、石や土でこしらえた日用品や芸術作品を見ていくと、彼らがすでに性の営みによって新しい命が産み出されるという関係性を理解していたことがうかがえます。性行為をとおして、受胎した新しい人間の肉体に、見えない命のエネルギーが吹き込まれるということは、形のある世界と、目に見えない世界が結び合わされる、深遠な働きだといえます。だからこそ、精神文明の先祖たちは、世界に新しいものを産み出す力のシンボルとして、聖地に男女の性器を祀《まつ》って祈りを捧げたのではないでしょうか。

✴自然界と調和する性の営みとは？

さらに言うと、性行為の中で生まれる一体感は、ただ自分と相手との間にだけ感じられる、閉じられたものではありません。今の常識では、セックスの目的といえば「種の保存と、快楽の充足」だと理解されているけれど、これでは、個人的欲望のためか、せいぜい人間だけの利益を満たすものだと聞こえてしまう。だけど本当は、私たちの性の営みはもっと大きな意味を持つ、自然と協力し合う行為なのです。

人が自然の懐《ふところ》に抱かれながら生きていた時代のことを思い浮かべてみましょう。その頃の人たちは、樹木や草花に囲まれた自然の風景の中で、性を営む機会が多かったことでしょう。

私たちは自然界からエネルギーをもらって生きているけれど、それは食べ物や水のような、目に見える形だけではなく、実は風景から直接エネルギーをもらうという形もあるのです。それも、暖かな陽の光に包まれることや、植物から放たれる新鮮な酸素を吸うといった、わかりやすい形だけでなく、もっと微細な「電子のエネルギー」をもらっていたりします。

というのは、昔から全国各地には、「そこに行くと病が治る、元気になる」ということから、「イヤシロチ（弥盛地）」と呼ばれる特別な場所がありました。この不思議現象にはきちんとした理由があって、どうやらイヤシロチというのは、大気中のマイナスイオン濃度がほかより高い土地だということがわかってきたのです。

電子の多いマイナスイオンが体に取り込まれると、細胞を老化させる活性酸素が中和されるため、細胞の元気がよみがえって、新たな生命力を吹き込まれたような働きをします。

そう、電子もまた、私たちの〝ごちそう〟なのです。なぜなら、私たちの体の働きだけでなく、心の働きをも取り仕切っている全身の神経回路は、まさしく電気信号を使って動いているのだから。

自然の中で性を営む二人は、自然の風景から放たれる電子のごちそうを、全身の皮膚から吸収します。それが栄養となって、二人は普段より濃密な感覚を体験することができます。そうしてエネルギーが高められた二人の「気」の交流によって、新しいエネルギーが生み出されると、それは二人の周囲に、かすかな光や火花のような姿で全身から放たれて、自然界へと返されていきます。それは、美しい「放電現象」です。こうして私たちの性の営みは、自然界に美しいものを与えることができるのです。

その時、二人は、自分たちと自然界との境界線がなくなる「一体感」を感じられるということ。おそらく精神文明の人たちは、二人の間を通い合うエネルギーの絆と、自分たちと自然界との間に通い合う絆とが交差する、至福の高揚感に包まれながら、自分がこの世界の一部であること、そして「自分たちがこの世界に歓迎されていること」を、頭の考えからではなく、いやおうなしに全身で体感することができたのでしょう。

だから、私はこう思う。

自然が美しいのと同じように、性も美しい。

私たちの性は、自然界との調和の中にあるのだと。

✴性は人を高らかに引き上げるもの――七つのチャクラの階段

今の世界の常識では、性の話を「下半身の問題」といって、まるで上半身の頭脳が担当する、その人の人格とは別物だというような見方をします。

そこが、物質文明の始まりから引きずる、大きな誤解の一つ。たしかに私たちの性エネルギーは、下半身の生殖器周りから湧いてくるのだけれど、実は性エネルギーというのは、性行為のためだけに使われるものではありません。ここから湧き出したエネルギーは、私たちの体を縦に貫くように、頭のてっぺんまで上昇していく性質を持っています。

ヨガの教えでは、性エネルギーのことを「クンダリーニ」（または「シャクティ」）と呼び、会陰《えいん》（外陰部と肛門の間）から尾骶骨《びていこつ》にかけての生殖器ゾーンに、2匹の蛇がとぐろを巻いたような姿で収まっているといいます。このクンダリーニが体の中心軸に沿って上昇していく時、中心軸上に並んでいる7カ所の「チャクラ」と呼ばれる、私たちのエネルギー体にある〝パワースポット〟を活性化していきます。そこにはエネルギーの流れが渦を巻くように集中しており、肉体と精神の両方の健康に関わっています。

インドの伝統医学では、それぞれのチャクラが別々の臓器や分泌腺と連動していることを解き明かしています。各チャクラが違った働きを担当しているので、性エネルギーもそれに合わせて、違う働きをするように変容していくのです。その七変化《しちへんげ》の様子を、下から階段を上るようにたどってみましょう。

◉始まりの**第1チャクラ**は、骨盤の下の生殖器ゾーンにあり、大地のエネルギーと深く結びついて、自己保存本能を担当しています。子孫を残すための本能的な性衝動は、ここから生まれます。

◉次の**第2チャクラ**は、おへその下数センチメートルの位置から仙骨にかけて、骨盤に包まれたゾーンにあります。これは東洋医学で「(下《しも》)丹田《たんでん》」と呼ばれる、生命力の泉のようなパワースポットと一致しています。女性はここに「子宮という器」を持っていて、泉のようなエネルギーを受けとめて育《はぐく》むことができるので、男性以上に強い生命力を宿しているのです。

この部分は、生存本能が満たされた後の、「誰かとつながっていたい」という所属欲求と、五感を通して感じる肉体的な気持ちよさを担当しています。つまり、「人恋しいから彼氏が欲しい」とか、「気持ちいいことがしたいからセックスしよう」というような、人間的な情欲はここから生まれるというわけ。

◉**第3チャクラ**は、おへそとみぞおちの中間点、押すと痛みを感じる「太陽神経叢《そう》」という、消化器の神経が集中している場所にあります。ここが担当しているのは、現実世界で自分の意志を実現していく「自立力」。これは、つき合う相手と対等なコミュニケーションを育てるのに必要な力だけれど、強すぎると相手を自分の思いどおりにコントロールしようとしてケンカが多くなるし、逆に弱すぎれば相手に依存して言いなりになったりします。

ここで「相手に依存すること」にも「相手を支配すること」にも偏らない、バランスがとれた自立心を持てることが、第2チャクラから生まれる「誰かとつながりたい衝動と結びついた恋」が、その次の**第4チャクラ**のステージである「お互いを活かし合う豊かな愛」へと育つために必要な条件だといえます。

◉胸の中心にある第4チャクラは、色恋より大きな「人類愛」が生まれる場所。下半身の疼《うず》くような刺激から始まった恋も、ここで自分の利害を超えて、無条件に相手に与える愛へと成長を遂げるのです。

◉のど仏の位置にある**第5チャクラ**は、声や言葉を通じた「本音のコミュニケーション能力」を働かせるところ。ここは性行為の場面でも、性エネルギーを上昇に導く重要なポイントとなります（【第4の封印解除】で詳しくお伝えします）。さらに、人間ならではの科学的・論理的な知性につながるところでもあります。

◉**第6チャクラ**があるのは、眉間の奥。こ

7つのチャクラ

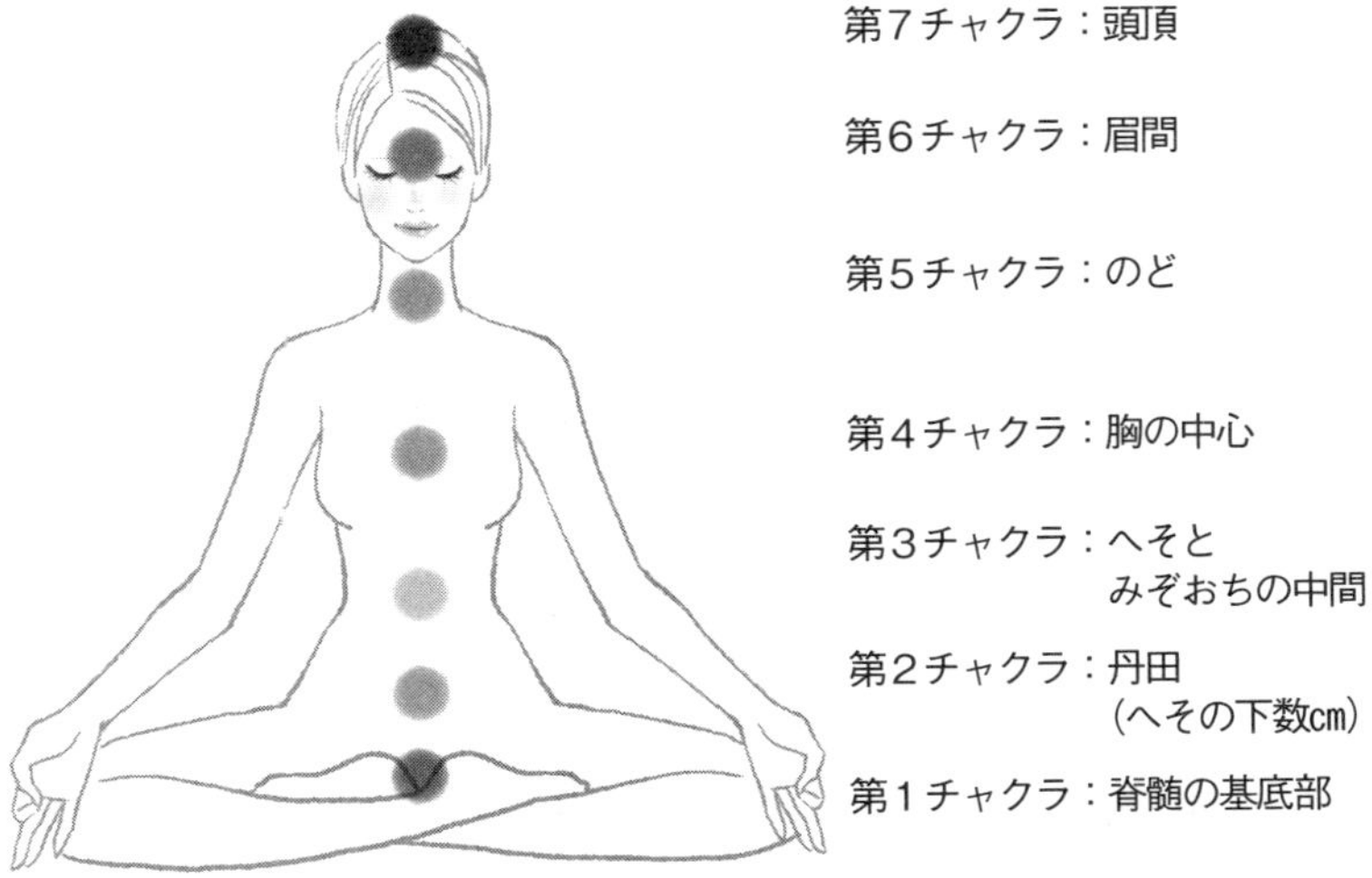

こは仏教でも「第三の目」と呼ばれていて、肉眼の視力を超えて、将来を予見するようなビジョンを見たり、第六感が働いたりする、サイキック（超能力的）な直観力が生まれる場所です。
◉頭のてっぺんにある**第7チャクラ**は、宇宙から地球へと降りてくるエネルギーを受けとめて、自分が大空や目に見えない存在と一つになる感覚が生まれる場所とされています。

こんなふうに、私たちが人生で体験できる最も肉体的な力から、最も霊的な力まで、命のすべての営みが性エネルギーの働きによって活性化されるのだといえます。だから、おへその下からこみ上げる性のエネルギーは、「恥ずかしいもの」として抑圧するのではなく、全身にみなぎる活動力へと高めて昇華させるのが、命にとっては正解なのです。

✴ 縄文人はエクスタシーの達人だった？

おそらく、性が抑圧される以前の人類にとっては、性エネルギーの上昇は、ごく自然な現象だったはず。つまり、生殖器が刺激を受けてウズウズとエネルギーが高まると、それはすみやかに胸までこみ上げてハートを開き、相手のすべてを受け入れる真心となって、周りに美しいエネルギーを放っていく。さらに頭まで上昇すれば、大空や宇宙の星々ともつながるような、スケールの大きな至福を体験できたということ。それこそ性と愛と命の働きが、バラバラではなく、ひとつながりだったのではないでしょうか。

下半身をウズウズさせる性エネルギーが体内を昇り始めると、それは小さならせん形をくるくる描きながら、まさしく蛇が立ち上がるような動きで昇っていくのがわかります。それが全身を貫いて脳まで上昇すると、私たちは日常意識を超えた「変性意識状態《トランス》」を体験するわけです。それは別の言葉で表現すれば、恍惚《こうこつ》感、エクスタシーということ。

その時、私たちの脳内には、快感ホルモンが何種類も生み出されていて、これが私たちの心の幸福感を高め、体の健康度も増してくれるのです。

この性エネルギーのエクスタシーは、必ずしも相手のある性行為をしなくても、自分の体を愛撫するマスターベーションでも味わえます。また、セクシャルな行為ではなくても、チャクラを刺激する瞑想呼吸や、ダンス・水浴び・自然散策などの五感を刺激する活動の最中に、不意に湧き起こることもあるのです。

おそらく縄文人が、そんな幸福なエクスタシーを日々味わっていただろうことは、彼らが作った土器や土偶のデザインを見れば想像がつきます。

土器の表面をびっしり埋めつくす力強い渦巻模様や、繰り返し登場するとぐろを巻いた蛇、燃えさかる炎のようなエネルギッシュな縁《ふち》飾り。これらはみな、彼らが自分たちの体内にも、自然界にも存在する、うねるように躍動する生命エネルギーの様子を表現したものであり、それを彼らがありありと体感していたことの証《あかし》のように思えるのです。

きっと縄文の女性たちは、素足で大地を踏みしめて歩く時、大地から湧いてくる力強いエネルギーを、足裏や膣《ちつ》から吸収して、それが体内を上昇していくことで生まれる、うっとりとした至福感を全身で味わえていたのではないかしら。

縄文土器のモニュメント
（新潟県千秋が原ふるさとの森）

きっと動物の中で、人間だけが背骨を縦にして立ち上がる生き物となった意義は、ここにあるのでしょう。

人間は、背骨に沿って体を貫く「性エネルギーの上昇通路」を通して、空と大地のエネルギーをつなぐ働きをしているのだ、と私は考えています。それはちょうど、樹木が地中に張りめぐらした根っこを通じて大地のエネルギーを吸い上げながら、空に張り伸ばした枝や葉っぱを通じて太陽のエネルギーを吸い込むことによって、空と大地のエネルギーをつないで循環させる働きを受け持っているのに似ています。

つまりそう、私たち人間は〝樹木の動物バージョン〟ともいえるのです。

そう考えると、今の人類が地球の自然環境を破壊する生き物になっている実態は、本来の姿とは大きくかけ離れていることがわかります。それは、性のエネルギーを、高らかに上昇するものではなく、低い次元でうごめくものへと変質させていったことと無関係ではないのです。

✴性に対する罪悪感がセックスの方法まで変えた

さて、こんなふうに一人ひとりが自分の力で至福を体感できた社会では、数千年から数万年もの長い期間、大きな戦争が起こらなかったのも不思議ではありません。みんなが「自分を満たす力」を持っていれば、誰かのものを奪うための戦争など、する必要がないからです。

ところが、世界各地で平和な精神文明を打ち消すかのように始まった物質文明の社会では、ひと握りの権力者が、その他大勢の庶民を意のままに支配するための強力な仕掛けが必要になりました。その一つが、私たちの命の働きとして、自然に湧いてくる性の欲求や感覚に対して「罪悪感」を持たせることだったのです。

それを最初に始めたのが、多くの信者を集める組織と化した宗教の世界。「入信して祈らないと神様や天使とつながれない」と信じさせるために、一人ひとりが自由に高い次元の世界につながる道をふさぐ必要があったわけです。そこで、こんな教えが作り出されました。「セックスはあくまで子供を作る目的のためにするものであって、それ以外の性の欲望は、人格を低次元に堕落させる罪深いものである」と。

これは、たまったものではありません。なにしろ人間のセックスは、子作りのためだけにするものではないのだから。その目的がない時にも、パートナーと生命エネルギーを交流させて、子供ならぬ新たな電気的エネルギーを生み出して分かち合う、「**全身全霊の栄養チャージ**」ともいえる営みなのです。

だからこそ人間の性衝動は、繁殖期が決まっている動物たちとは違って、季節を問わずに一年中湧いてくるのです。そんな日常的な欲求に対して「罪の意識」を背負わされることで、人類はどれだけ自己評価が低くなってしまったことか。

さらに、この教えの中に埋め込まれていた「子作りのためだけ」というルールが、実は現代まで引きずる大きな誤解の原因ともなったのです。その誤解とは、「セックスは必ず男性が射精して終わるもの」という考え方。

たしかに、子供をもうけるためには、射精は必要なこと。けれども、人間の性行為は、それだけが目的ではないので、本来、セックスに射精は必須のものではないと言えます。時と場合に応じて、射精してもしなくても、どちらでもよいのです。むしろ、必要以上に精を放出することによって、男性の体力が消耗してしまうという弊害に注意したほうがいい。

ところが、セックスが射精というゴールをめざす、下半身に集中する行為へと変化したことによって、本来は下半身から頭のてっぺんまで、全身をめぐるはずの性エネルギーの循環が、おへその上と下とでチョキンと分断されてしまったということ。そのために、男も女も慢性的な欲求不満を抱えることになったわけです。

そうして「足りない不満」を埋め合わせるために、いろいろなものに依存しようとする欲望が強くなり、誰もが「目に見える物質的な何かを手に入れること」を追求する世界になりました。

セックスをする時も、本来は「満ちあふれるものを分かち合う行為」だったものが、「満たされないものを相手から得ようとする」意識が強くなりました。すると、男女がエネルギーを奪い合うような関係性に陥《おちい》りやすいため、お互いが消耗しやすくなるのです。俗に「男女の情熱は長続きしない」といわれるのは、こうしたエネルギーの使い方も原因となっていたのではないでしょうか。

逆に言うと、性エネルギーの使い方しだいで、情熱を長続きさせることも可能だということ。

そのヒントを、これから少しずつお話ししていきましょう。

✴「目合《まぐわ》い」から「Hする」へ——言葉に表れた性の意味の転落

それにしても、命の核心に通じる大事な行為のことを、今の日本では「セックス」と外来語で呼んで、日本語で言わないのは不思議なことだと思いませんか。

しかも、このセックスという言葉の使い方は、元の英語の意味ともズレています。セックスとは、本来は「性別」を意味する言葉。だいたい、英語の〝セク〟という音は、語源的には何かを「分ける」という意味を持っています。

「セックス」というカタカナ言葉が日本に初登場したのは1950年代のことですが、女性でも恥ずかしがらずに口にできるようになったのは80年代のバブル期になってから。つまり、日本人はこの30年間ほど、男女が一つに融合する行為のことを、逆に「男女を分ける」という言葉で呼び続けていたというわけ。

言葉の持つエネルギーが現実を変えていく作用を「言霊《ことだま》」と言うけれど、もしかしたら「セックス」（男女を分ける）という言霊の働きも、この30年間でセックスに苦痛や気まずさを感じてセックスレスになるカップルが急増していることに、多少なりとも影響しているかもしれません。


では、日本人はもともと、セックスのことを何と言っていたのでしょう。

漢字が使われ始める以前の時代から今に伝わる「大和言葉《やまとことば》」には、「まぐわい」という言葉が残っています。後から当てられた漢字では、「目合い」と表現されました。

なぜ、性行為が「性器を合わせること」ではなく「目を合わせること」なのか？　そこに、精神文明の人たちの、性に対する感覚が隠されています。

当時の社会では、今の社会のように「祭り」が年に一度や二度の非日常的なものではなく、日常の中にありました。日々の労働の後に、人々が村の中心の広場に集まって、心を一つにして歌い踊る時、生き生きと放射されるみんなの生命エネルギーが一つに溶け合って「一体感」が生まれ、心地よい変性意識状態《トランス》に酔いしれたことでしょう。

そんな中でエネルギーのよくなじみ合う男女が出会えば、目と目を見交わしただけで「この人！」とピンと感じ合えたはず。エネルギーが意識を向けたほうへと動いていくことは、気功の実験でも証明されています。ただでさえ、エネルギーの動きに敏感だった縄文人にとっては、目と目を強く合わせた時からすでに、二人のエネルギーの絡み合いは始まって、近寄るほどに混ざり合うのが全身でひしひしと感じられたことでしょう。初めにエネルギーが溶け合い、次に体も一つに合わせていく。そうして男女は互いを結び合ったのです。

一方、私たちがよく知る『古事記』や『源氏物語』などの古典文学では、「まぐわい」よりも「契《ちぎ》る」「契りを交わす」という言葉のほうが、よく使われていてなじみ深いと思います。これは、古典文学が書かれた当時は、すでに世の中が「男性社会」となっていたことが関係しているのでしょう。

つまり、男性が、女性と自分の血を引く子供を所有する形になっていたので、娼婦以外の女性と性関係を持てば、その女性の生活の面倒を見るという、女性の生活保障契約のような約束事がついてきたからです。性行為に、女性が生きていくために男性と結ぶ、取引めいた意味合いが加わったのですね。だから光源氏も、新たな女性とまぐわうたびに「妻」が増えていったというわけ。

それが戦後の男女同権の世の中になると、科学用語的でサッパリした響きの「セックス」が、使い勝手のいい言葉として広まっていきました。

さらに1990年代以降は、援助交際ブームや、出会い系業者を使ったセフレ（セックスフレンド）探しが手軽なものになるのと同じタイミングで、セックスと言わずに「Hする」が日常語になっていきました。今は忘れ去られているけれど、もともと、この「H」の語源はローマ字で書いた「ヘンタイ」の頭文字だったそうな。つまり、いつのまにか日本人は、「男女が全身全霊を通い合わせる行為」を、「ヘンタイ行為」と呼ぶようになっているということ。たしかに世間では、女性をイヤらしく痛めつけ、男性の人格も下げるような、ヘンタイ的なアダルト情報があふれているわけだから、使う言葉と実態が一致しているとも言えそうです。

どんな言葉を使うかは、そのことに対する自分の思いの質を表すこと。

だから私は、お医者さんも使う一般用語になった「セックス」も便利ではあるけれど、普段は性行為のことを、大和言葉の「目合い《まぐわ》」の「合わせる」という意味を大切にして、「まぐあい（合い）」「まぐ愛」などと呼び変えています。

本書では、現代の一般的なセックスと、古きよき時代の人々の感覚に近づく「まぐ合い」とを呼び分けて区別することにします。

✴大和言葉で読み解く「ほと」と「ほこ」の物語

最近の保健体育の教科書では、医学用語に従って、男性器の男根部分のことをペニス（日本語では陰茎）、女性器の中で膣のことをバギナと呼ばせています。

けれども、セックスの大和言葉が「まぐ合い」であったように、性器ももともとはいくつかの美しい大和言葉で呼ばれていました。

膣を表す代表的な言葉は、「ほと」。漢字では「火処《ほと》」と当てられました。その意味は、火のある処《ところ》――つまり「かまど」のこと。

最近は、子宮や膣が冷えている女性が増えていて、それが婦人科系の病気の原因になっているといわれますが、女性のそこは本来、ぬくぬくとした「かまど」のような場所であるのが自然なのです。

それに対する男根は、「ほこ」と言います。なにやらかわいい響きの言葉だけれど、その意味は「矛《ほこ》」――つまり、武器である剣《つるぎ》のこと。

そう思ってみた時に、私の中にこんなイメージが浮かびました。男女のまぐ合いとは、熱せられたかまどの中に、ひんやりとした硬い剣を差し入れて、あたかも鉄が火の中で鍛えられるように、硬かった剣が燃えさかる熱の中でとろかされ、「また明日も元気で働くぞー!」という活力になるような、新たなエネルギーを吹き込まれる――そんな意味を持つ行為なのだと。

その時、女性の体は、男性を中に招き入れるように働く。

決して〝やられる・させられる〟感覚ではなく。

自ら自分のかまどの中に、男性の剣をくべてあげる。

身の内に熱く燃える火の中で、愛おしい剣を鍛え、とろかしてあげるのだ――。

【第1の封印】ケース・ハル子さんの場合は、この「ほと」と「ほこ」の物語が、最終的な封印解除のカギとなりました。

ご主人のことを愛しているのに、自分の体内に男根が入ってくることに対して、「正体不明の恐怖感」があるために、いつもセックスの時は体がガチガチにこわばってしまう。だからついセックスの誘いを断ってばかりで、夫の気持ちに応えられないのが申し訳ない、という悩みを持っていた彼女。

たとえば、過去に性虐待やレイプなど性暴力のトラウマがある女性は、男性とのスキンシップや性行為の場面で、無意識のうちに体をギュッと緊張させる「防御態勢」を取ってしまうクセが残ることがあります。けれども彼女のように、とくにトラウマの原因となりそうな強烈な出来事がなくても、似たようなクセを持つ女性も少なくありません。

それは、たとえ普通の性体験であっても、多くの男性がAVを性の教科書代わりにしている弊害なのですが、まだ十分にやわらかくなっていない膣の中に、無理やりこじ開けるように男根に入ってこられたという「痛みの記憶」が、反射的な筋肉の緊張として残っていることが多いからなのです。

そのほか、「自分以外の誰かに身を任せることが怖い」という心理的なクセの表れである場合もあれば、もしかしたら、過去何千年もの間の戦争と略奪や、男尊女卑の歴史の中で、大勢の女性が味わってきたはずの、「自分は望まないのに、男性に暴力的に侵入された」という屈辱感や恐怖心が、私たちの集合意識の中に積もり積もっている影響もあるのかもしれません。

ところが彼女の場合、「ほと」と「ほこ」が交わる深い意味が腑に落ちたとたんに、見開いた目がみるみる輝き始め、「今すぐ帰って、夫に（セックスを）してあげたくなりました！」と、驚くほど積極的な姿勢に切り替わったのです。

性行為に対する理解の仕方が根本から変わることで、気持ちまで一変した、鮮やかな例でした。

まとめ

美しき本能の力は、私たち一人ひとりが体内に蔵した宝物。
人の性エネルギーの本性は、高らかに至福へと通じるもの。
パートナーがいる人も、いない人も、
ともに日常の中で至福を味わえる。
私たちは本来、そんな感受性を持って生まれているのです。

詩とエッセイ：美しき性を歌う1

獣でなく花となり
堕ちるでなく天上へ
鬼気迫る
陽性の
性歌を謳《うた》おう

私は10代の頃からずっと、世間の濡れ場シーンによくある
〝ケダモノになる〟
〝堕ちていく〟
といった描写に対して

「いや、そういうコトじゃないよね」と不満を覚えていました。
世間ではなにやら、性に没頭することを、人として醜く堕落することとして描いている。
だけど本当はその逆で、性は人を高みに引き上げるものだと言いたかったのです。

もちろん、人の性衝動はキレイごとばかりではありません。

自分をメチャメチャにしたいという破壊衝動や
自己本位な欲望から生まれる劣情も私は知っています。

けれどそもそも、世間の多くのエロ情報が
性をことさらに屈辱的な醜いものとして描く根底には、
本能を卑しく醜いものと思い込む誤解が前提としてあるんですよね。

だけど、本能は美しいものなんです。

思考の束縛をはずして、本能が宿す生命エネルギーの動きに体を明け渡す時、人は高らかに日常レベルの意識を超えた領域に昇ることができるのです。

ここでいう「鬼」とは呪《のろ》わしいネガティヴなものではなくて、
「荒ぶる神」に似たポジティヴなイメージです。

真剣な性の営みの中で、おのずから湧き出る体の動きは、
神気がかった踊りのようなもの。

そのさなかで、人は自分の体を美しいと感じられるし、
相手の体も尊いものと感じられるようになるのです。

詩とエッセイ：美しき性を歌う2

深く深く
それ以上
擦《こす》れ合う
骨さえ噛《か》み合う
番《つが》いとなる

性の交わりは肉体だけの関係ではなく、
肉体と重なって在るエネルギー体同士が融合し、
交流し合うものだと私はいつもお話ししていますが、
実はエネルギー体どうしがよくなじみ合う相手と結びつく時は、

肉体に備わる美しい本能の力も、健やかに働いているのです。

互いの局部が吸いつき合うような
強い親和性が働く相手との交愛《まぐあい》は、
頭の思考でこうだと規定することよりも、
肉体が語ることのほうこそが命の真実なのだと
確信させてくれるのです。

私はこの歌を書いた頃、ただ二枚の板を開閉できる状態に
つなぐ金具である「蝶番《ちょうつがい》」という
文字を見つめるだけで、体の内奥《ないおう》が甘く疼いたものです。

男女・雌雄の「つがい」とは、そういう意味なのかと。

二つの体がその一点で結ばれる、要《かなめ》のような場所。

異なる二つのエネルギーが合流するポイントは、

あたかも上昇気流のようにエネルギーの質感が高まる「聖なる場所」になります。

そうして私たちは、体の営みを「美しいもの」と肯定するほかなくなるのです。

《第2の封印解除》

女性から男性へと流れ込むエネルギー

私たちの心と体に組み込まれている「男女がともに生きることで湧いてくる大きな力」を、今の世の中では十分に活かしきれていないように見える。なぜかといえば、女も男もそれぞれが自分の性に対して誇りを持てない状態にいるために、その力が削《そ》がれてしまっているから。とくにそれは、女性の側にハッキリいえることだけれども。

だから、これまで私たちの意識を何重にも縛って不自由にさせてきた、たくさんのネガティヴな男女観を残らず吹き払って、女であること・男であることが持つ「本当の力」に目覚められるような話をしましょう。

第2の封印ケース：ナツ子さんの困り事（未婚）

「女ってつまんないなって、よく思います。子供の頃から、母が横暴な父に振りまわされて、グチばかりこぼすのを聞かされてきました。それなら何で離婚しないのかって言ったら、『あんたたち子供がいるから別れられない』って責任転嫁されて、腹が立ちました。

私は、今まで男の人とちゃんと恋愛したことはありません。何人かとデートしたことはあるけど、私は【男に媚《こ》びを売る】みたいなことが苦手だし、緊張して普段の自分も出せなくて、後が続きませんでした。世の中の男性を見ていて、しょせん【男は女の〝体目当て〟なんじゃないか】って、イヤになることもあります。でも、このままずっと一人なのかと思うと、やっぱり寂しいです。こんな私でも、将来パートナーを持てるのでしょうか？」

このナツ子さんの言葉には、彼女が生い立ちの中で刷り込まれてきた、男と女の関係性に対する、いくつもの「偏見」が含まれています（【　】でくくった部分がそれ）。偏見とは、ありのままの姿を見られない、歪んだ鏡のようなもの。これもまた、物質文明が始まるとともに実行されてきた「真実をねじ曲げる封印」のシワ寄せなのだけれども。

第2の封印「女は非力で愚かなので、強い男に従わねばならない」

実は「男とは、女とは、こういうものだ」と昔からいわれてきた定説の中には、男女の本来の性質とは違った「迷信」が数多く含まれています。それらは「性は下品なこと」「女性は男性より劣っている」という二つのマインドコントロールの中でつくられてきた、間違った思い込みなのですが、それに縛られることで、男も女も自分の個性を、自由にのびやかに表現することができにくくなっているように感じます。

✴なぜ女であること・男であることがツライのか

とくに女性には、自分が「女であること」を心の底から肯定して楽しむことができない状態、つまり「女性性を抑圧」している人が目立ちます。でも、そうなってしまう背景には、個人も社会も引っくるめた深い事情があるのです。

その一つは、これまでに多くの女性が「女に生まれたせいで不愉快な体験をした」という、苦々しい思いを味わってきたから。たとえば日常的なことでは、女性のおよそ8割が経験しているという毎月の月経痛や、生理用ナプキンを取り替えるわずらわしさをぼやく人は多い。

そして、少なくとも3分の1以上の成人女性が、これまでに痴漢などの性的いたずらからレイプまでを含めた、さまざまな形の「性暴力」を受けた経験があるという事実（内閣府「男女間における暴力に関する調査」）。それも、早い人は幼い少女時代から、そうした被害を受けています。

また、生まれ育った家庭では、家の跡継ぎとなる男の子の誕生を期待していた両親や祖父母から、「お前が男の子だったら良かった」という言葉を直接聞かされた人もいれば、言葉はなくとも「なんだ、男の子じゃないのか」というガッカリ感をハッキリ受け取ってしまった人もいて、それが女に生まれた自分を苦々しく思う気持ちを育てることに。そうして社会に出てからは、同じ仕事をしても男性と比べて評価されにくい、出世が遅いなどの現実を目《ま》の当たりにして、「女性は不利だ」という不満を抱えてしまったりするわけです。

そしてもう一つ、これまでの人生経験から、「女っぽさを出さないほうが生きやすい」と判断して、自分の女性性を小さく縮こまらせて生きてきた女性も少なくありません。

そう考えるようになった原因もまた、生まれ育った家庭で受けた刺激と、大人になって社会に出てから受けた刺激の両方があります。まずは家庭で、少女時代に母親から、女の色気が見えると「イヤらしい」と嫌がる反応をされたことから、「女らしさをあまり表現してはいけない」というメッセージが刷り込まれている人。加えて、男性中心社会で「女だから」と軽く見られずに能力を評価されるために、良かれと思って「女っぽさを感じさせない、さばさばキャラ」を演じることが板についてしまった人もいます。

その反対に、一見、女らしく女性性たっぷりに生きることができていそうな女性が、実のところ少女時代から吹き込まれてきた、たとえば「女は出しゃばらず、しとやかにしていなさい」といった古典的な女性像のイメージに行動を縛られて、不自由な思いをしていたりします。こういう場合、本当はもっと大胆に行動できる力、つまり自分の中の「男性性」の部分を抑圧していているわけです。要は、**自分の中の**「**女性性**」も「**男性性**」も、**両方をバランスよく発揮で**

きなければ、私たちは不自由な思いを抱えてしまうということなのです。

では、男性が自分の性に誇りを持てなくなるのは、何が原因なのでしょうか。

その大本に、〝性欲迷信〟というものが影を落としていることは、無視できません。

そう、心優しき男性たちに押し着せられた古代生まれの「**性欲迷信**」が三つあります。それは、

①「男性は性欲を抑えられないもの」

②「男は女と違って、愛がなくてもセックスできる」

③「男は自分のタネをまき散らしたいから浮気するのが本能」

といった、長い間、常識のようにいわれてきたけれど、実は古くさい決めつけの数々。

こうした俗説は、よくよく考えてみれば、男性の人格を侮辱するような失礼な話なのです。

そのせいで、男性が自分の性体験について語る時は、とかく「動物的な本能に振りまわされる悲しい生き物」めいた、自虐ムードが漂っていたりします。本書では、そうした性欲迷信が、一見正しそうに見えても、本質的には誤解があるということもお伝えしましょう。

男性が女性の場合と違っているのは、2000年ほど前から続いてきた男性優位の社会システムの中で、男らしさを抑圧する必要はなかったというところ。その代わり、逆に「男とは力

強くあるべき、弱音を吐くのは男らしくない」といった〝男性性の押しつけ〟の中での不自由な思いも抱えてきたはず。

男だって、自分の中にある「女性性」の部分を解放して、たとえば何かに共感して涙を流したり、相手の気持ちに合わせて優しくふるまったりと、感情表現の幅を広げていくことができれば、もっと生きやすくなるだろうし、女性とのコミュニケーションもうまくいくようになることでしょう。

✴誰もが男女両性の要素を持っている

そう、私たちは今の肉体の性別が何であっても（体の性別は、女性・男性・その中間型の半陰陽〈インターセックス＝ＩＳ〉に分けられる）、「女性性」と「男性性」の両方の要素を備え持っています。ただ、性別によって、そのどちらがどのくらい多いかというバランスが違うのです。

つまり、どんな性格の人でも、女性は基本的に女性性が優位で、男性性が少しあるというバランスになっていて、男性はその逆になっているということ。

ただし、同じ性別の中での個人差もあります。というのは、女性の中でも、男性性の要素が比較的多めの人と少なめの人がいて、男性の中にも、女性性が比較的多めの人、少なめの人がいるという、個性の違いです。

こうした両性のバランスというのは、精神的な意味だけでなく、実際の肉体についてもいえることです。たとえば、女性の体内では、女性ホルモンだけでなく、男性ホルモンも少しだけですがつくられています。逆に男性の体でも、少ないけれども女性ホルモンをつくりだしています。このように、どんなに女らしさ・男らしさのカタマリのような人でも、女性性100％、男性性100％という人は存在しません。人はみな、女性性と男性性のブレンドになっているのです。それはきっと、私たちの誰もが、女性と男性の両方の体を融け合わせることによって造られているからではないでしょうか。

これがもし、女が女性性100％、男が男性性100％の生き物だったとしたら、水と油がそのままでは決して混ざり合えないように、お互いの体を交わらせて融合することは難しいでしょう。男も女も、自分の中に異性の部分が存在するからこそ、相手と同質な部分が呼び水となって、もともと異質な者どうしなのに、するりと融け合って一体になることができるのです。

というわけで、私たちは、女性性・男性性の混ざり具合についても、人それぞれの個性があるので、「女だから、男だから、みんなこうだ」とひとくくりに決めつけることはできません。この点では20世紀から提唱されてきた「ジェンダーフリー」という考え方も、刷り込み解消の役に立ってきたといえるでしょう（※「ジェンダー」とは、これまでの社会的・文化的な事情でつくられてきた「男（女）らしさ」や「男は（女は）こうすべき」といった性別役割のこと。たとえば「男が外で働いて、女が家事をする」といった思い込みを見直すことで、男女の社会的性差をなくして平等に扱われるようにしていこうという思想）。

ただし、そうではあっても、「何でも男女平等にしないと不公平」というわけではありません。男女それぞれの体が「宿命的に持っている特徴」から生まれる違いというものがたしかにあって、それがあるからこそ、男女は一緒に生きることで補い合えるし、一人では生み出せなかったものを生み出せるような大きな力が湧いてくるからです。

そこで、これから男女の肉体とエネルギー体が持つ本質的な違いを、何通りもの切り口で解き明かしていきながら、女であること・男であることの〝本当の強み〟をお話ししたいと思います。

✴男女が共にいると元気になる仕組み——女性から男性へと流れ込むエネルギーの存在

本来、男女がともにいるだけで元気になるように、私たちは造られています。それは、男女の体の電気的な性質が反対になっていることから生まれる効果です。

【第1の封印解除】で、人は自然界から細胞が元気になるマイナスイオンの電子エネルギーをもらっている、という話をしたけれど、実はそのエネルギーを効率よく吸収できるのは、女性だけ。なぜかというと、体の表面に、電子の受け皿となるミクロの穴が発生しやすいのだといいます。逆に男性は、この穴が生じにくいため、女性のように自然界から直接マイナスイオンを取り込みにくくなっているらしいのです。では、男性はマイナスイオンを外から補給できないのかというと、そうではなく、実は女性の体を通して、それを取り込めるようになっています。

つまり、**女性の体と触れ合うことで、男性の体は「充電」されたように元気になる**というわけ。それはもちろん、まぐ合いを通しての充電がいちばんわかりやすく効果的だけれど、普段まぐ合いの機会がない男性もガッカリする必要はありません。

たとえば、家族や友人どうしでハグをする、握手をする、肩や髪に触れる、癒しサロンでマッサージを受けるなど、日常的なスキンシップを通してでも、充電効果は働いているのです。さらに言えば、直接体に触れることなく、ただ会話をしているだけでも、女性が男性にポジティヴな思いを向けていれば、その方向へ元気になるエネルギーが流れていきます。なぜなら、エネルギーというのは、意識を向けたほうへ流れていく性質を持っているからです。

つまり、**男性にとってすべての女性は、「癒される自然界の一部」だということ**。だからこそ、縄文・マヤ・先史時代のヨーロッパなどの精神文明の社会では、女性が、外見の個人差や、子供を産むかどうかということ以前に、ただ女性の体を持ってそこに存在しているだけで、無条件に男性から尊重されていたのではないでしょうか。

それに引き換え、今の時代の女性たちは、巷《ちまた》にあふれるメディア情報から、「こんな外見の女性なら美しい」「こんなファッションの女性なら愛される」などという、「条件付きの愛」をたっぷり教え込まれているものだから、つくられた理想イメージと自分を比較して「こんな自分じゃダメだ」と自己評価を下げて、臆病になっている人が少なくないのです。

だけど本当は、女性のみなさんは、パートナーや家族はもちろん、友人、同僚、ご近所さん、もっと言えば初対面の人に対してでも、「がんばってね」「カッコいい！」といった言葉一つ、笑顔一つを向けるだけで、そこにいる男性を充電されたように元気にしてあげられる「能力」があり、その力を発揮する「責任」があるということ。つまり、すべての**女性**には、**居ながら****にして男性を元気で幸せにする力**が、もともと備わっています。だから、その自覚を持って、のびやかに生きていけばいいのです。

✴︎セクハラになる・ならないの線引きはどこにある？

さて、【第2の封印】ケース・ナツ子さんにこの事実をお伝えしたとき、【男は女の体目当て】という嫌悪感が、フッと消えていったと言います。

「体目当てっていうより、要は〝エネルギーが欲しかったのね〟って思ったら、何だか許せるような気持ちになってきました」

これもまた、何とも鮮やかな変化でした。


そう、男性が女性を求める衝動のほうが、女性からの衝動より強く見える原因はここにあるのです。それは、女性の体が、男性に元気の素《もと》を運ぶ性質を持っているから。そう考えると、なぜ、性風俗店のほとんどが男性向けなのか。なぜ、伴侶に先立たれた後も独身で長生きする率は、男性より女性のほうが高いのかといった、この世のいろいろな謎が解けてくるでしょう。


ここで、男たちが間違えてしまったことがあります。それは、数千年前に「男が女を所有する」社会への切り替えが起こって以降、男たちが、女の体を「男が自由に使っていい物資」のように錯覚しながら扱う意識を持ち続けてしまったこと。だから、現代のように法律上は男女同権の社会になっても、男性から女性への「性暴力」事件が跡を絶ちません。これは、男性の集合意識にこの錯覚が染みついているせいでもあるといえます。

犯罪としても認定される性暴力に加えて、20世紀の終わり頃から、暴力未満の「セクハラ」(セクシャルハラスメント=性的嫌がらせ)も社会的に問題視されるようになりました。このセクハラについては、客観的に見て、明らかに女性が気の毒になる悪質なケースから、女性が気にしすぎではないかと見られてしまうケースまで幅があります。要は「本人が不快を感じればそれはセクハラだ」という主観的な基準が入ってくるため、逆に男性が女性に親しみを表現するのが怖くなり、やりづらくなったという不満の声も聞こえてきます。

いったい、この線引きはどこにあるのでしょうか。

たしかにそれは、女性の個人的な価値観によっても変わってきます。たとえば、ボディラインがくっきり見える服を着ている時に、男性からの視線を「自分の魅力の証明」だと好意的に解釈する人もいれば、「イヤらしい」と嫌悪感でいっぱいになる人もいます。ともあれ、多くの女性が、男性から無遠慮な視線を向けられるだけでも不愉快になり、怒りを感じているのは事実です。その怒りは、どこからくるのでしょうか。

女たちにとっては、自分が女体という「物」として扱われることが腹立たしいのです。つまり、自分の「人格」を無視して、そこだけ切り取って見られることへの嫌悪感と、こちらの「意思」が無視されて、無遠慮にやってこられることへの不愉快さなのです。

だから、もしそこに女性の人格を含めたうえでの好意があって、あくまでも女性の意思を尊重する態度があれば、女性は自分の意思で、男性に親しみを込めたスキンシップをとれるようになるでしょう。たとえば、親愛のハグを、相手がパートナー以外の男性であっても、ねちっこい接触としてではなく、ふわっと気心を通わせる触れ合いとして楽しむこともできます。ただ、それが軽やかに楽しめるようになるには、男女ともに意識の成長が必要です。

その昔、もともと女たちが自然に男たちに与えていた無償のエネルギーを、男たちが私物として所有しようとし、女たちの意思に関係なく奪おうとしたことから、男女のエネルギー循環が崩れ始めたのです。女たちは、もともと無償で与えていたものが、利己的に利用され、強引に奪われ始めたことに対して、ひどく傷ついてしまいました。けれど、女たちもまた生き延びるために、「男に所有されることによる生活保障」を求めて、そのやり方に協力するようになったのも事実でしょう。ナツ子さんが苦手に感じていた【男に媚びを売る女】というイメージは、そこからきているのです。

今、恋愛や結婚に対して足踏みする人が増えているのは、すでに社会の仕組みは変わっているのに、いまだに「所有」「束縛」「利用」といった、男女関係についての古い意識が残り続けているからです。そこで、男尊女卑社会の都合で作られた、不自然な刷り込みを手放して、男女本来の本質的な性質を活かし合える、対等なパートナーシップの築き方についてお話ししましょう。

✴女性は見えないもの・男性は見えるものの担当

先にお話ししたように、女性の体は自然界の電子エネルギーを男性より先にキャッチできる造りになっているため、「**物事が目に見える形で起きてくる前に、その気配を感じ取る力が男性より強い**」といえます。一般に、女性が男性より直感が強いといわれるのは、このためなのでしょう。

つまり、女性性の真骨頂とは、「**感じる力**」。

いってみれば、女性は誰もが「巫女《みこ》性」（巫女的な性質）を持っているのです。太古の社会では、そうした目に見えない次元の存在とつながる力がとくに発達した女性が、祈り事の祭主を務める職業的な巫女となっています。邪馬台国《やまたいこく》の女王・卑弥呼《ひみこ》もそうでしたし、精神文明時代の祈りの風習が今も残っている沖縄地方では、祭主を務めるユタやカミンチュと呼ばれる役割は大方が女性で、男性もいますが少数派です。

そう聞くと、「私は神の声も聞こえないし、天使の姿も見えない。鈍感なほうだから巫女性なんてないよ」と言いたくなる人もいるでしょう。でも、ハッキリ見えたり聞こえたりするわけではなくても、たいていの女性は、日常の仕事や趣味、家事や子育て、人間関係などのさまざまな場面で、「なんとなくそんな気がする」という名のアンテナを、無意識に活発に使っているはずなのです。

たとえば、常識では信じがたいような珍しい話を、女性ばかりのグループの中でするると、多くの人が「わかるわかる、そうだと思う」という反応をします。話し手の持つ気配に感応して真偽を判断し、「見なくてもわかる！」と思えるのが女性だといえそうです。

ところが、同じ話を男性ばかりのグループの中でしたら、こうはいきません。「この目で見ないと信じられないな」「証拠を見せてよ」と、見える形で確認できるまで判断を留保しようとする反応が目立ちます。

たしかに、男性性の真骨頂は「**見る力**」といえます。

たとえば、集団の中にいても「全体を見渡し」て、〝あいつがこの中のボス、こいつがサブ、俺はこのあたりにいて、ここからここまでを担当しよう〟という具合に、「立ち位置を見極め」て、周囲との「境界線」を定めたうえで「自分の軸」をハッキリさせようとします。

実はこれは、脳の構造からもいえることです。人間の脳は、性別に関わらず、五感の中では視覚から受け取る情報量がいちばん多いとは言えます。ただ、女性の脳は、視覚とそれ以外の感覚の情報が混ざり合って、音声や香り、気配や感触込みの総合的な感覚になりやすいという特徴があります。それに対して男性の脳は、視覚情報だけを独立的に取り扱うことで、見える空間をより立体的に、正確に捉えることができるのです。一般に、「女性より男性のほうが地図を読むのが得意だ」といわれるのは、このためなのです。

要は、ざっくり分ければ、**女性は**「**目に見えないもの担当**」で、**男性は**「**目に見えるもの担当**」といえます。夫婦にしても、ビジネスパートナーにしても、男女のコンビの場合、女性が「ねえ、私、こうしたほうがいい気がするんだけど」と希望を伝えたら、男性が「そうか、じやあやってみるよ」とすぐ実行して、目に見える形に「具現化」すると、うまく運ぶ場合が多いのです。

女性は、まだ形にならないものを直感として受け取って、言葉にすることに長《た》けています。

一方、男性は、それを現実世界で形にすること、つまり構造化してプロジェクトに仕立てたり、組織化して広めたりする行動が、女性よりすばやくできる人が多い。だから、「**女が言ったことを、男が実行する**」という流れは、お互いにラクだと言えます。おそらく男女が対等に調和していた精神文明の社会では、目に見えない領域で力を発揮する女性の価値が尊重されていたために、そうした形で男女の役割分担がうまくできていたのではないでしょうか。

ところが、社会が目に見えるものだけに価値を置く物質文明に切り替わってからというもの、目に見える肉体的な力が女性より勝《まさ》っている男性が上に立ち、「女は黙って男の言うことを聞いてなさい」という考え方が常識になってしまった。そうして**女性が持つ「自然界の気配を感じ取って伝える力」**が封印されて、**女性の指示を抜かして男性が動くようになった結果、今のように自然破壊が極度に進行した世界になった**というわけです。

✳男女の幸福感が高まる連係プレイと「受け取り上手」のすすめ

コミュニケーションがうまくいっているカップルは、女性が「あれがしたい」「これが欲しい」「ここに行きたい」などと、男性にどんどん希望を伝えています。
もちろん、それを全部叶えてあげようとする律儀な男性ばかりではないでしょうし、お互いの希望が一致しない場合もあるでしょう。それでも、たとえ彼がその場では「ええーっ、そんなことを?」と反発したとしても、男性性が持つ傾向として、何か「課題」や「ハードル」が与えられると、じゃあどうすればそれを「解決」もしくは「クリア」できるかな、というほうへ思考が向かいやすいため、あたかもゲームの障害をクリアするかのように、いつのまにか彼女の望みを実現する方向へ歩み寄ってくる場合が多いといえるのです。

これとは対照的な形として、伝統的な男女の役割像に沿った「男の夢や目標を、女が手伝う」という生き方にも、もちろん男女ともに味わえる喜びはあるもの。それでも、もう一方の「**女の希望を、男が叶える**」というエネルギーの方向性は、女性性と男性性の特質に合っているからラクなのです。

なのに実際には、「こんなことを言ったら、彼にワガママって思われないかな」「面倒な女だと思われたくない」などと相手の反応を先読みして、自分の希望や願望をあまり積極的にパートナーに伝えようとしない女性が少なくないので、それはとてもモッタイない話だといえます。

女性性を心地よく開いて生きたい人に必要なのは、「**目に見える部分で受け取り上手になる**

こと」。それというのも、今の日本では、「受け取り下手」な女性が少なくないからです。

その象徴的な例を挙げると、とくに自分が頼んでいない時に、男性が重たい荷物を持ってあげようとか、力仕事をやってあげようなどと手を差し伸べてきた場合に、「自分でもできるから大丈夫」と、断る女性が案外に多いのです。

女性のこうした態度は、社会の中で男性と対等でいようとして、「甘えちゃダメ。ちゃんと自立しなきゃ」と自分を律して生きてきた、がんばりゆえに身についたクセといえます。つまり、そこで甘えてしまうと、自分が一人前でないような気がしてしまうから。

だけど、こう考えてみてください。彼があなたに力を貸そうと働きかけてきたのは、そうしたくなるエネルギーを、あなたが先に彼に与えたからなのです。そう、女性はもともと目に見えない部分では「与える性」なのだといえます。つまり、居ながらにして、無償でエネルギーを与える存在だということ。だから、自分が与えたものが返ってきているんだと思って、遠慮なく受け取ったほうがいい。そうすることで、男女のエネルギーがうまく循環することになります。逆に、そうしないと女性は疲れてしまうはずです。

もう一つの「受け取り下手」の象徴的な例と言えるのが、男性につくしすぎる女性の場合。自己評価の低い女性が恋愛をすると、相手にとっての自分の価値を少しでも高めたいという思いから、身のまわりの世話など目に見える行動でせっせと奉仕したり、相手が喜びそうなものをあれこれ買ってあげたりしがちです。そのあげくに、自分が期待しているほど感謝されない、報われている気がしないという感覚がしだいに強くなり、「愛することに疲れた」という理由で、別れを選ぶことが多いのです。それもそのはず、何もしなくても目に見えないエネルギーを男性に与えている女性が、さらに目に見える部分でも必要以上に与えようとがんばれば、与える一方通行で、疲れてしまうのは当然というもの。

目に見える部分で与える役割は男性に譲って、自分は「わぁ嬉しい〜！」「すごく助かった〜！」「ホントにありがとう〜！」などと、大喜びで相手にやってもらう「受け取り上手」になると、全然疲れなくなります。

気の優しい女性の中には、自分を基準に考えて「彼の負担にならないかな？」と、何かしてもらうことを遠慮する人もいます。でも、実は男性にとって、何か女性にしてあげるほうが、「快感度が高い」ともいえるのです。

人間にとって代表的な快感ホルモンである「ドーパミン」のことをご存じでしょうか？　たとえば私たちが、何かいいことを成し遂げた達成感や自己肯定感、思いがけずいいことに出合った喜びなどで満たされている時、このホルモンが脳から湧き出して、体が熱くなるような快感をもたらしてくれます。

わかりやすい例をあげると、2004年にアテネ五輪の平泳ぎで金メダルを獲得した北島康介選手がインタビューで放ったひと言、「チョー気持ちいい〜!」というセリフが評判になり、その年の流行語大賞にもなりました。おそらくこの時、彼の体内では、最高の達成感とともに湧き出したドーパミンによる快感が、最大限に高まっていたのだろうと考えられます。

このドーパミンは、男女に関係なく、日々の生活の中で出合う「新鮮な喜び」の場面で湧いてきては、その快感が脳への「ごほうび」として私たちを支えてくれているのだけれど、実はその分泌量が、女性の脳よりも男性の脳のほうが多いというデータがあるのです。

だから、自分が何かしてあげたことでパートナーから感謝される快感は、女性が思うよりも、男性のほうが強く感じているのだと言えそう。一般的に、男性は女性よりも「承認欲求（自分のやったことを認めてもらおうとする気持ち）が強い」といわれるのは、このせいなのでしょう。

この違いは、幼児の頃からハッキリ傾向として表れると、保育士の人たちも証言しています。

だからこそ女性は、好きな男性が差し出してくれたものを遠慮せず受け取って、大いに喜びと感謝を伝えるといいのです。すると、男性は快感が高まるので、またさらに彼女が嬉しくなることをしてあげたくなる――という具合に、「喜びの好循環」が生まれていきます。

✴ 女性の快感能力が「あげまん」の秘訣

このように、多くの男性の脳にとっては、「**目的をめざして、達成感を得る**」という生き方は、自然にできる得意なことだといえそうです。

では、女性の脳は何が得意なのでしょうか。それは、男性脳とは対照的に、「何かを成し遂げた」とか「何者かになった」といった、形としての成功体験がとくになくても、あるがままの**自分でいながら、日常のささやかな出来事にも喜びを見つけて「何だか幸せ」と感じられる「快感能力」**だと言えます。

昔から、女性は痛みに耐える力が男性より強いといわれてきました。これはおそらく、女性の脳は、代表的な脳内麻薬である**「β《ベータ》-エンドルフィン」**の分泌量が男性より多いというところからきているのだと考えられます。

「脳内麻薬」というのは、私たちの体が苦痛を感じた時に、その感覚を麻痺させて、逆に何だか幸せでならない「多幸感」に置き換えてくれるという、脳がつくりだす自家生産のドラッグのこと。有名な例では、厳しいダイエットで栄養失調が続いた後、急に体が元気に動けるようになる「ダイエット・ハイ」や、苦しいランニングの途中で、急にラクになって快調に走れるようになる「ランナーズ・ハイ」は、このβ-エンドルフィンがもたらす作用です。また、苦痛がある時に湧いてくるだけでなく、たとえば恋愛中や、コッテリしたおいしい物を食べた時など、心身の幸福感が高まっている時にも分泌される「幸せホルモン」という顔も持っています。

なにしろ女性の体は、出産時の陣痛の痛みを打ち消すために、β-エンドルフィンが大量に使われる仕組みになっているので、これをつくりだすことが得意なのかもしれません。

では、パートナーとの関係で、こうした女性性の持ち味が活かされると、どうなるでしょうか。たとえば、生活が苦しい家庭の場合、夫が心身ともにげっそりするほど疲れて帰宅した時に、妻は苦しみをそれほど感じず、逆に「今日はあれが安く買えた・お花がきれいだった・大好きな夫が今日も帰ってきて嬉しい」などと、自分の気持ちいいことをあれこれ見つけて「なんか幸せ」な表情をすることができます。すると、夫は一気に苦しさから救われて、自己肯定感が高まるのです。こういう家には、夫は「早く帰りたい」と思うものです。

それこそ、**女性性の強みである「感じる力」を隠さずに、パートナーに対して嬉しいと思ったこと、感動したことを、素直に全身で表現していくこと**。それは、何気ない日常生活の場面でも、セクシャルな場面でもいえることです。

そうすると、彼にとっては「彼女が、自分といることを幸せと思っている」という意味で、自己評価・自己肯定感がどんどん高まるので、人間的な自信がつき、仕事や人づき合いなど、いろいろなことがうまく回るようになっていきます。これが、**相手の運気を上げる「あげまん」になる**ということなのです。そんなあなたを、彼は「かけがえのない女性」として、大切にせずにはいられなくなることでしょう。

✳陰陽太極図でわかる、男女の体の違い

ここまで、男女の性質の違いについて、心や脳の働きを中心にお話ししてきました。続いては、セクシャルタイムにとって重要な、肉体的な性質の違いについて、さらに詳しく探っていきます。

私がいつも、女性性と男性性についてお話しする時、必ず使う二つのシンボルマークがあります。きっと古代の人も愛用していたと思われる、これらのマークを通して見ると、男女それぞれの特徴がおもしろいほど言いつくせてしまうのです。

その一つは、中国で古くから伝え残されてきた「道教（タオイズム）」の代表的なシンボルである「陰陽太極図《たいきょく》」。

太極というのは宇宙のことで、この図形は、何もない混沌《こんとん》とした宇宙から、世界が生まれるプロセスを表現しています。始まりは、たった一つのエネルギーのカタマリだった宇宙に、「陰」と「陽」という正反対の性質を持つ二つの「極」ができて、この陰と陽の二つ（－と＋とも言い換えられます）が、お互いに影響し合い、融け合うことで、世界に新しいものが次々産み出されるようになったということ。中国にかぎらず、世界中の神話が、世界の始まりにつ

いて、「陰」と「陽」を「女神」と「男神」に置き換えながら、同じことを言い伝えています。そう、つまり陰は「女性性」、陽は「男性性」のことです。

こちらの図をご覧ください。モノクロでは白色の部分が「**陽**」で、色をつけると「赤」で表現されます。これは、身近なものにたとえると「**火のエネルギー**」です。これに対して、黒色の部分は「**陰**」で、色をつけると「青」で表現される「**水のエネルギー**」です。

陰と陽の二つの部分は、中心で真っ二つに分かれているわけではなく、まるで二つの勾玉《まがたま》が組み合わさったような、動きのある形になっているのがミソ。これは陰と陽とが、お互いに足りないものを補い合うように働きかけ合って、ぐるぐる循環している様を表現しているのです。しかもおもしろいのは、それぞれの勾玉の中心は、反対の性質になっているところ。「火の中に水があり、水の中に火がある」という形です。

私はこの図を見た時に、赤い（下図では白）勾玉の部分が男性の体で、青い（下図では黒）勾玉の部分が女性の体だと考えると、ピッタリ当てはまることに気づきました。

つまり、男性の体は、男性性＝火の性質が多くて、女性性＝水の性質を少し持つ。女性の体は、女性性＝水の性質が多くて、男性性＝火の性質を少し持つ。この性質の違いが、

陰陽太極図
（カラーでは赤と青で描かれる）

セクシャルな場面でも、そのまま出てくるのです。

まず、男性の体は、火の性質が強いので、セクシャルな刺激を受けると、パッと火のようにすばやく燃え立って、「いつでもイケるよ、準備オーケー」という状態になりやすいわけです。

それに対して女性の体は、水の性質が強いので、火にかけてもすぐに熱いお湯の状態になれるわけではありません。ゆっくり徐々に温まるので時間がかかるのだけれど、その代わり、ある臨界点を超えると、にわかにブワッと沸騰して、勢いよくグラグラと煮えたぎる――これが、女性の性エネルギーの姿なのです。

封印された性の真実その三は、「女性から発する性欲の豊かさ」でした（27ページ参照）。

今なお根強く残る「性欲迷信」（66ページ参照）では、「男性は性欲が強くて抑えられないもの」とするのに対し、女性の性欲は淡いものとして無視されていて、「女性は男性の性欲におつき合いするもの」という考え方が、長い間、常識のように思われていました。けれど本当は、セクシャルな方向に欲求が向かう度合いの、強い・弱いは個人差が大きく、男女差だけで決められるものではありません。

男性の欲求のほうが強いとされてきた理由は、火のようにすばやく燃え立つので、ハッキリ見えやすいから。それに加えて、女性から電子エネルギーをもらいたいという必要性があるために、欲求がストレートに行動に結びつきやすいからだといえます。

それに対して女性の性欲は、決して弱いのではなく、普段はひんやりとしている水が、お湯になるまでに時間がかかるため見えにくいという、質的な差だということ。だから、いざ沸騰すれば、その勢いで男性を巻き込み、呑み込むほどの強さを秘めています。

ところが、物質文明が始まってから現代まで続く「定番セックス」のお作法は、男性の欲求を主体にして、火のスピードに合わせて射精というゴールへ突き進む形になっているため、「女性の体がまだぬるま湯のうちに終わってしまう」場合が圧倒的に多いのです。だから、昔から多くの女性が、パートナーとのセックスを「夜のお勤め」と呼んで、自分が進んでしたいものではなく、相手につき合って、こなさなければならないものと見なしてきたわけです。

そのため、恋愛初期の、心が燃え上がっている時期を過ぎると、セックスの最中に、それほど気持ちよくないので「早く終わってほしい」と思っている女性はかなり多く、そんな時は「イッたふり」をすることで、彼が納得して終わりに進めるように仕向けてしまう。ある調査では、この「イッたふり」をしたことがある女性は、セックス経験者のおよそ3分の2もいるとのこと（日本家族計画協会調査２０１３年）。

そんなわけで、かなりの数の女性が「私は感じにくい体質だ」と思い込んでいて、中には元彼や夫に「お前は不感症じゃないか」と言われたことがトラウマになっている女性が少なからずいることは、23ページでもお話しした通り。でも、そうした決めつけは「無実の罪」で、感じにくかったのは、彼女の体に問題があるのではなく、相手の男性が、女性の体の扱い方を知らなかったから。つまり、彼女の体が沸騰するまで待てなかったからなのです。

実のところ、現代では、そういう男性が大半だといえるでしょう。なぜなら、ほとんどの男性が、主にAVをセックスのやり方を学ぶテキスト代わりにしているからです。ところが、もともとAVというものは、男性のマスターベーションのためにつくられた幻想《ファンタジー》。あくまでも、男性が一人で、自分のペースですみやかに射精にたどり着くことが目的なので、これをそのまま生身の女性との行為に当てはめることはできません。それなのに、ファンタジーを鵜呑みにしている男性も、メディア情報の被害者といえるでしょう。世のセックスレス・カップルの激増は、このようにセックスで得られる喜びが少なくなっているということも、大きな原因なのです。

本当は、男女のまぐ合いでは、男性の燃え立つ火加減を調節して、女性の水のペースに合わせるほうが、うまくいきます。そのほうが、お互いの喜びも大きくなるのです。詳しくは【第4の封印解除】でじっくりお伝えしましょう。

さて、もう一度、陰陽太極図をふりかえってみると、陰と陽の勾玉の中心が、それぞれ反対の性質になっているのがわかります。これは、全身が水のような女性の体も、中心に火の部分があるという意味に読めます。それは、どこのことでしょうか。

【第1の封印解除】の「ほと=かまど」という話を思い出した人は、ピンときたことでしょう。

男性器を温かく迎え入れる「膣」もそうですし、さらに身ごもった赤ん坊をぬくぬくと温める保温器のような「子宮」もそう。つまり、女性器全体が、火の性質を持っているのです。

それに対して、全身が火のような男性の体も、中心に水の部分を持っています。それが、男性器だということ。体の内側にしまってある女性器とは逆に、男性器は「ほこ＝剣」の部分も、袋の形をした睾丸《こうがん》の部分も、全体が外側についているのには理由があります。睾丸の中に納まっている精子たちが熱に弱く、人間の高熱程度の42℃を超えると死んでしまうため、いつも体温より低くなるよう、熱を冷ましておかないといけないからです。たしかに、剣も水のようにひんやりしているし、ほこが精液という「水」を放出してくれるからこそ、新しい命が生まれる仕組みになっています。

こんなふうに、女性も男性も、新しい命を生み出す生殖器という、体の核心の部分が、異性の性質になっているのがおもしろいところ。

昔からよく「女は弱そうに見えてたくましい」といわれるのは、きっと**女性器という中心が、火のように熱く意志を貫く「男性性」**でできているからです。「女は弱し、されど母は強し」という格言も、女性のこの部分を指しているのでしょう。

反対に「男は強そうに見えても案外弱い」といわれるのも、**男性器という中心が、水のように揺れて周囲に従っていく「女性性」**を抱えているからだといえます。たしかに、「頼りがいのある強いお父さん」という伝統的なイメージがある一方で、大きな父性愛というのは、わが子のすべてを穏やかに見守る「慈愛」のエネルギーを持っています。

パートナーとの関係では、相手の男性性が発揮されている時には、女性性で受けとめてあげて、相手の女性性が出ている時には、男性性で導いてあげるというように、場面に応じて自分の両方の性質を使い分けていくと、さまざまなトラブルに遭っても簡単にポキンと折れない、柔軟な絆を育てていけることでしょう。

たとえばハワイの神話でも、灼熱のマグマをたぎらせて、時には大噴火を起こす火山の神ペレは、女神とされています。男性が弱気になっている時は、女性の中の火の力強さの出番。いざという時に噴火できる強さが、パートナーの支えとなり、相手から感謝される、かけがえのない関係を築くための大切な要素だということを覚えていてください。

✴ 女は円環、男は直線——ドラマチックな、まぐ合いと受精

では次に、「男女の性質がおもしろいほど読めるシンボルマーク」の二つ目を紹介しましょう。男性性・女性性のイメージを、誰にでもわかるごく単純な形で表現するとしたら、どうなるでしょうか。

男性性は、目的をめざして真っ直ぐ突き進む、一本の直線。それに対して女性性は、まろやかな曲線が似つかわしい。しかも、あるがままでそこにいて、月経周期や海の潮の満ち引きの

ように自然のリズムをぐるぐる繰り返す、丸く閉じた輪（円環）で表現できます。そして、この丸と直線を合体させるように組み合わせたのが、下の図です。

さて、この形をよく見てみると、男と女に関するさまざまなものと相似形になっています。まず思いつくのは、それぞれの性器の形と重なっていること。そう、直線が「ほこ」で、丸が「ほと」の入口のようです。そこで、先ほどお話しした「陰と陽」の性質とも組み合わせながら、もう一度、「ほこ」と「ほと」の別バージョンの物語を聞いてください。

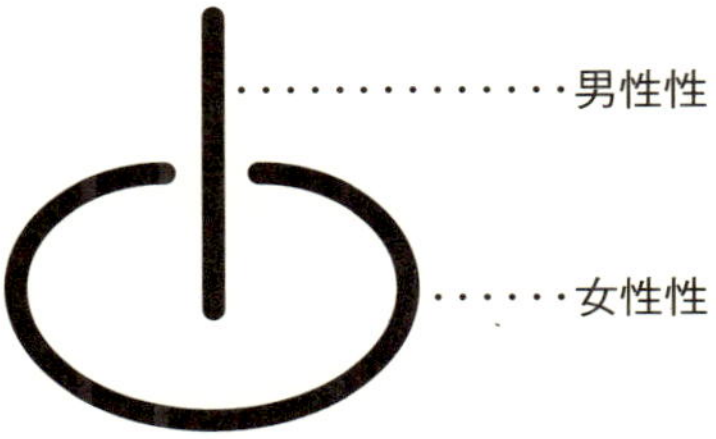

普段の男根《ほこ》は、スポンジのようにやわらか。それは、芯に骨が入っておらず、中身が小さな空洞だらけの「海綿体《かいめんたい》」でできているから。

ところがいざ、性的な刺激を受けて活気づくと、いつもはやわらかい「陰」の性質だったものが、男らしい「陽」の気に満ちて、みるみる硬くなっていきます。なぜなら、「陽」はものをキュッと硬く引き締めるエネルギーだから。そうして天を指すかのように上向きにたくましく立ち上がるのが、勃起《ぼっき》という働きです。

これは医学的な言い方をすれば、興奮した男根の中に血液がドッと流れ込むことで、海綿

（スポンジ）の空洞がいっぱいに満たされてパンパンに膨れ上がるということです。

一方、女陰《ほと》は普段、ほどよくキュッと引き締まり、入口が狭く閉じています。ところがいざ、性的な刺激を受けて活気づくと、硬い「陽」の性質だったものが、女らしい「陰」の気に満ちて、ゆるゆるとやわらいで、入口も広がっていく。なぜなら、「陰」はものをやわらかくゆるめるエネルギーだから。そうして「ほこ」のように太く大きなものでも、中に含んで包み込む「受容性」でいっぱいになるのです。

全身の「陽の気」が強い男性は、女性よりも体や心の緊張度が高くなるため、脱力するのが苦手な人が多くいます。だからこそ、全身が「陰の気」にあふれた、やわらかな女性の体や心に触れると、肉体や神経の緊張がゆるんでほどけていき、リラックスして疲れが癒されるのです。逆に女性から見れば、陰が多くて冷えがちな体が、男性の陽のエネルギーを受け取ることで温まり、活力が増すともいえます。ここにも、男女が触れ合うことの大きな意味があるというわけ。


さらにこのマークを見て連想できるのは、ミクロサイズの男女の形。それは、まぁるい卵子に、直線的な精子が突入していく姿と重なります。

女性性のエキスのような卵子と、男性性のエキスのような精子は、本当に正反対の性質を持っています。まずは、スピード感が大違い。ゆっくり構えてなかなか動かない不動の卵子ちゃんに対して、すばやい速度で動きまわる精子くんという、まるで対照的なキャラなのだから。

なにしろ卵子というのは、女たちがこの世に誕生する前の胎児の時に、すでに卵巣の中に一生分の備蓄となる約２００万個もの卵子のもとがつくられていて、それが月経の終わる年齢まで、全体の個数をどんどん減らしながらも、最長で50年間以上も大切に貯蔵されるという、息の長いもの。その貯蔵庫の中から、原則として月に1個だけ（たまにそれ以上）卵巣の外へ飛び出してくるのが、精子を待ち受けるための「排卵」です。

それに引き換え精子のほうは、毎日２０００万〜３０００万個も新しく生産されていて、使われなければ3週間で次々と解体されていくという、回転の速いものです。

つまり、何十年もじっくり寝かされたワインのような年代物の卵子と、いつもでき立ての新鮮な精子という、正反対の者同士が出合って、命が産み出されるのです。

✴卵子姫の大冒険と、精子王子のチームプレイ

卵子と精子が一つに融け合う受精のプロセスについては、医学の世界でもまだ謎が多く、これまでの常識を塗り替えるような発見も時々起こっています。そんな中で、私がとくに心惹《ひ》かれた未解明の謎の一つが、「卵子はなぜ、わざわざ一度外へ飛び出すのか？」というものです。

子宮と卵巣はつながっているので、卵巣の中で成熟した卵子が、排卵されて子宮へ向かう時、

つながった通路を通ってそのまま移動すればよさそうに思えるのだけれど、現実の卵子はそうせずに、いったん卵巣の壁を突き破るようにバン！ と勢いよく飛び出して、少し離れたところにある「卵管采《らんかんさい》」という、卵管の入口でミットのように広がっている房《ふさ》にキャッチされて、そこから子宮へと続く卵管トンネルにもぐっていくという手順を踏みます。なぜ、直接、卵管へ進まずに、一度外へ飛び出すという回り道をするのかわからない、というわけです。

私はこの話を聞いた時、それは卵子のような性質の細胞が、精子と一つになるために避けて通れない通過儀礼（イニシエーション）なのではないかと感じました。

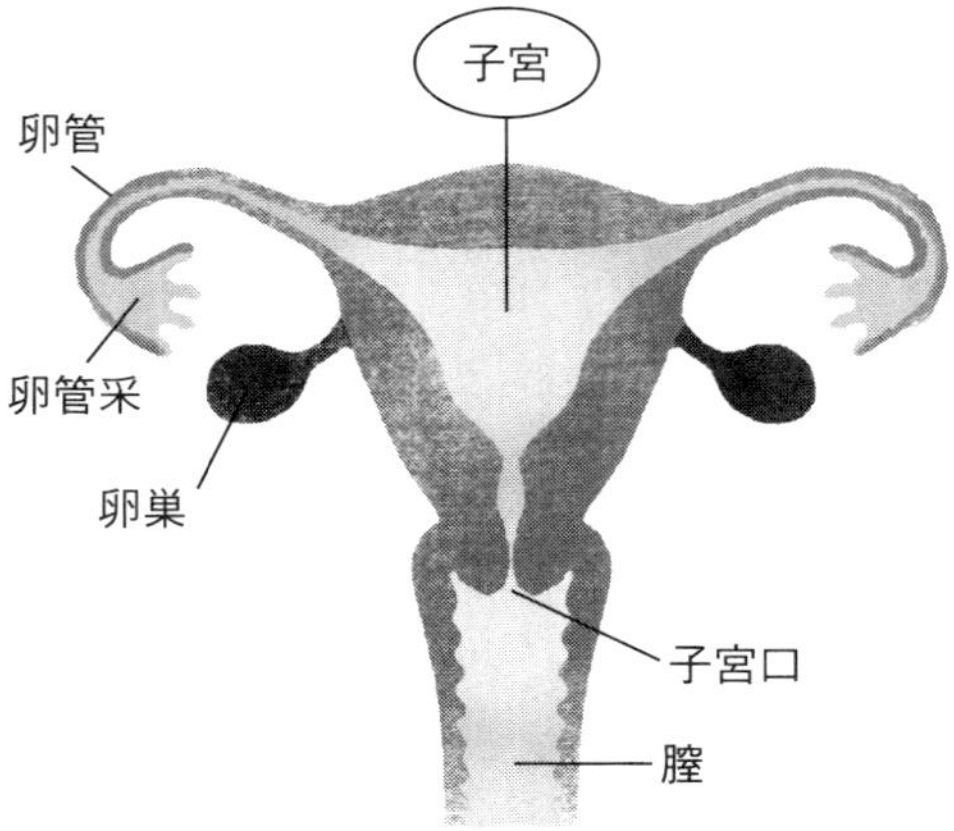

私たち人間は、女性性と男性性を両方兼ね備えていますが、卵子は女性性１００％、精子は男性性１００％の存在だといえます。それは、キャラクターにたとえると、よくわかるでしょう。卵巣の中で何十年も動かず、ただそこにいる、ひたすらゆっくりテンポの「卵子姫」に対

して、わずか3週間の寿命の中で、いざ出動すれば、猛スピードで一直線に泳ぎ進む性質を持つ、アップテンポの「精子王子」。あまりに違いすぎる両者は、このままでは出合うことも、交わり合うこともできません。

前にも触れましたが、まったく異質なものどうしは、水と油のように弾き合って、一つに混ざり合うことはできないはず。混ざり合うためには、相手と同質なものを少しでも持つ必要があるのです。

だからこそ、成熟の時を迎えた卵子姫は、生まれて初めて「スピーディーな大ジャンプをする」大冒険の体験によって、今までなかった男性性を帯びるのではないでしょうか。つまり、卵子姫にとって、いったん外へ飛び出す排卵は、受精ができる体になるための「成人の儀式」だと思えるのです。

では、精子王子は、どこで女性性を身につけるのでしょうか？　この問題は、長い間信じられてきた受精の常識を引っくり返す、ある発見にヒントがあります。

私たちがよく聞かされていた話では、1回の射精で送り出される精液の中には、だいたい2億～3億個もの精子が含まれているけれど、たった1個で待っている卵子と結びつくことができる精子は1個だけ。だから、何億もの精子たちの「生存競争」に勝ち抜いて、誰よりも早く卵子にたどり着いた、強い者だけが卵子の中に入れるのだと。この話は、いかにもこの世界は弱肉強食で成り立っているんだ、という価値観と結びつけて語られていたものでした。

ところが、20世紀の終わりに新たに発見されたのは、実は精子は生存競争などしていなかったという事実。競争の代わりに、膣のトンネルから子宮内部にかけての過酷な条件を生き延びて、卵子までたどり着いた精子たちが、卵子姫がまとっている分厚い膜を、全員で輪になって、いっせいに溶かす作業を続ける「チームプレイ」をしていたことがわかったのです。つまりこの時、それまで単独で一直線に突き進むばかりだった精子が、初めて女性性を獲得するというわけ。

共同作業の結果、たまたま膜が薄くなった個所にいた精子が、偶然のようにスルリと卵子の中に入り込んで、受精は完了します。それはまるで、少年少女から大人の体に変容を遂げた、卵子姫と精子王子の結婚のようでもあります。

✴ストーンサークルは男女のまぐ合いの形？

見れば見るほど、男女の本質を的確に物語ってくれる前出のシンボルマーク、実は縄文人も愛用していたと考えられるのです。というのは、東北地方の縄文遺跡で、ちょうど垂直に立った「ほこ」の形のような石柱の周りを、あたかも「ほと」が包み込むような形に丸く石を敷き詰めて囲んだデザインのストーンサークルが、数多く発見されているからです。

さらに驚くことに、遠く離れたヨーロッパの新石器文明の遺跡にも、そっくり同じ形のストーンサークルが残されているのです。これらの石のモニュメントの共通点は、人々が祈りを捧げた聖地につくられていたということ。同じように、マヤ文明でも、神殿の前の大地に必ずといっていいほど、男根の形をした石柱を設置する習慣がありました。そこには丸いサークルこそ築かれてはいなかったけれど、当時の神話では大地そのものが女神にたとえられ、女性の象徴と見なされていたので、これもストーンサークルと同じ意味を持っていたのではないでしょうか。

きっと「ほと」と「ほこ」のまぐ合いの姿が、この世界のあらゆるものを生み出す根本的なエネルギー、陰と陽、女性性と男性性との和合の姿を象徴的に表していることを、太古の人たちは直感的に知っていたのでしょう。

もっと言えば、これは大昔の彼らだけの話ではなく、実は現代の私たちも、このマークを日常的に使っていて、毎日目にしていることにお気づきでしょうか。

ピンときた人もいることでしょう。――そう、パソコンなどの電気製品でおなじみの「起動スイッチ」のマークです。ただし、このデザインはもともと、電気回路のオン・

縄文時代のストーンサークル
（大湯環状列石）

オフを表現した記号なので、デザイナー本人は決して男女のシンボルのことなど意識していなかったと思います。それでも、この中にあたかも無意識のうちに、人類共通の深層心理が表れているかのように見えてしまうのは、考えすぎでしょうか。それはまるで、男女が一つになることで、私たちの内側にあるエネルギー循環の回路が「起動」して、「生き生きと電気が流れ始める」ということを物語っているかのようです。

そんな素敵な機能が備わっている私たちの体を、もっとよく知って使いこなしていくことで、愛する人との関係をさらに深めていくことができます。次の章から、その具体的な方法についても紹介していきます。

✴両性具有的な心で自分を幸せにする

21世紀に入ってから、世の中は、過去数千年間続いてきた「男性性の時代」から、「女性性の時代」へと切り替わる時が来たといわれています。それは、男性性が強調された、物質的なものが重視される競争主義的な時代から、女性性が色濃くなり、精神的なものが重視される調和的な時代への方向転換を意味しています。

そのせいか、これまで自分の女性性を否定したり、抑圧してきた女性に対して、「もっと女性性を解放しよう」というかけ声がたくさん聞かれるようになりました。もちろん、それはいいことなのだけれど、ここで一つ注意したいのは、女性性だけでも人生はうまく運ばないだろうということ。女性性が持つ「**水のように相手に合わせる受容性**」が大切な場面もあるけれど、そればかりでは「流されっ放しの人生」になってしまう。せっかくの女性的な直感力や快感能力も、中心に男性性が持つ「**火のように自分を貫いて周囲を変えていく力**」「**しっかり自分の軸を通して、ハッキリ境界線を引く力**」があってこそ、いい方向に活かされるのです。

一方、男性の場合は、これまでの世の中では、「こうあらねばならない」という信念や目標に向かって突き進む男性性を強化させられていたけれど、これからは「**理屈よりも直感に従ってみる**」「**自分と考えの違う相手の気持ちに委ねてみる**」といった女性性をうまく使うようにすると、きっと生きるのがラクになるはずです。

そんなふうに、これからの時代は、自分の性別が何であっても、自分の中の女性性と男性性の両方を自覚する、「**両性具有**」**的な心**を育てていくことが大切。

つまり、女性的な心で「自分の素直な欲求や感覚を深く受けとめる」ことと、それを男性的な心で「しっかり行動に移して実現してあげる」ことの、連係プレイがうまくいくようにするといいのです。もっと平たく言うと、**自分の中の「感じやすくて夢見る女の子＝姫」と「目的めざして突っ走る男の子＝王子」の両方が仲良く協力し合えるように生きていく**と、自分で自分を幸せにできるということなのです。

そうすることによるメリットが、二つあります。

まずは、自分で自分の面倒を見られるようになる「自立心」がしっかりしてくるため、寂しさに引きずられて、依存心から相性のよくない異性とつながってしまう失敗がなくなっていくこと。

そしてもう一つ、誰でも自分の中の両性を意識できるようになれば、多数派の男女とは女性性・男性性の混ざり方が違っている「セクシャル・マイノリティ」（LGBTI＝同性愛・性別違和・半陰陽）の人たちのことを、受け入れやすくなるのではないかと思います。たとえば、性別違和の人の場合、肉体の性別が女性であっても、脳の特性が明らかに男性型になっているというように、体の機能の面でも逆転が見られるのだとか。こうした違いも、陰と陽の配合バランスの個性なのだと考えれば、理解しやすくなることでしょう。

【第2の封印】 ケース・ナツ子さんもそうでしたが、長年「女なんて、いいことない」と不満に思ってきた場合でも、この章でお話しした事実を知ると、「**『女に生まれて良かった』って、生まれて初めて思えた！**」と、晴れ晴れした表情になる女性がたくさんいます。「それまで自己価値が低かったのが、自然に引き上がり、生きるのがラクになった」と口を揃えて言うのです。それは、「女は無力」だと思っていたものが、実は「**自分の中に力がある**」と知ることができたからということ。

そう、私たち女性に必要なのは、「**自分で自分の価値を信じられる心**」と、「**それを心から尊重してくれる男性の態度**」なのです。

だから、まぐ合いのテクニックを学ぶ以前の問題として、男性が**女性の体と心**を「**宝物のように大切に**」**扱う意識**を持てれば、女性との関係は劇的に改善されます。そして、男性のそうした態度を自然に引き出すには、女性もまた、自分で自分を「宝物のように大切に」愛する気持ちを取り戻すことが必要です。

まとめ

女性は、自然界から私たちの命を動かす電子の恵みを受け取って、それを互いに選び合った男性に送ることができる。
男性は、女性から受け取った命の恵みを、
現実世界で目に見える成果へと変換することができる。
すべての人の中に住む、水のように受容する女性性と、
火のように貫く男性性が、仲良く手を結べば、
男女がお互いを尊重し合える関係を育てることができるのです。

詩とエッセイ：美しき性を歌う3

いちばん
やわらかいところを
結び合わせて
いちばん
固くなろう

体の中で男女の徴《しるし》がある場所のことを、私たちは子供の頃から親たちに「大事なところ」と言われて育ちます。

たしかにその部分は、大切に保護してあげなければならない

傷つきやすさを持っています。

男性器は、いざ熱していきり立てば宝剣の硬さを表すものの、普段はそこだけ骨が抜かれた、スポンジのようにやわらかな器官で、衝撃にも弱くできています。

そしてまさに女性器も、丈夫な皮膚を持たずに薄い粘膜だけに覆われた繊細な器官で、交わりの場面ではその部分の筋肉がさらにゆるんで、ほどけるようにやわらいでいきます。

ただしそれが極まりの時には一転、強く収縮を始めて、引き絞られていくのです。あたかも、相手を固く隙間《すきま》なく抱きしめるかのように。

それは、やわらかなもの同士が引き絞られて、リボンの要《かなめ》のように固く結ばれるイメージです。

体の奥にしまったいちばんやわらかい部分は、

心のいちばんやわらかい部分に通じています。
そこは、人が物心ついて社会的な仮面をかぶる以前の、
素直に世界の安全を信じた、いたいけな幼子の時代に表していた心の領域。
男女が互いのやわらかな「命の器」を差し出し合う行為は、
心の最もやわらかい部分を通わせ合って、
誰より深くつながる絆を結ぼうとする営みなのかもしれません。

《第3の封印解除》

自分の体を愛すると恋愛の質が高まる

プロローグでは、21世紀に入ってから「おひとり様」と「セックスレス・カップル」が急増している話をしたけれど、これはある意味では、恋愛と結婚にまつわる、あらゆることに対しての「選択の自由」が広がったこととも関係しています。

つまり、20世紀末にはクリスマスやバレンタインなどのイベントをともに過ごす恋人がいないのは「みじめなこと」という風潮があったけれど、おひとり様のほうが多数派となった今は、「恋愛しなくてもいい自由」が市民権を得ているということ。

また、25歳を過ぎても未婚の女は「売れ残りのクリスマスケーキ」だと、まことしやかに言われた時代とはうって変わって、平均初婚年齢はどんどん高くなり、生涯未婚率も増加中の今は「結婚しなくてもいい自由」があります。

さらに結婚後は、家系を絶やさないよう跡継ぎを産むための役割を強要される時代が何百年も続いていたけれど、今や多くの姑たちは、嫁に嫌われたくないから、そんな期待を口にしないよう気を使う時代となりました。これまた「子供を産まなくてもいい自由」が認められている世の中だといえます。

加えて20世紀までは、性生活は「夜のお勤め」で、夫婦間の義務と見なされていたものだけれど、今や夫婦の半数はセックスレスなのだから、人から「おかしい」と思われることなく「セックスしなくてもいい自由」も選べるのです。

こうして「みんなが一律に同じ人生設計でなくていい」というように価値観の許容範囲が広が

ったことは、世間に対して肩身の狭さを感じる人が減るという意味では、いいことだと思います。

ただ、しなくても責められない世の中にはなったけれど、中には「本当はしたいのだけれど、恋愛に踏み込むことが怖い、性を楽しむことが苦手」という人たちも、相当含まれているはず。

そして「本当はしたいのに、できない」という内情の裏には、その人の「自己肯定感の弱さ」が隠れていることが多い。そういう場合、自己肯定感の問題が解決すると、気持ちが変わる可能性が大なのです。つまり、「やっぱりしたい、してみたら楽しめた」という方向に。

そう、しっかりした自己肯定感を持つことは、恋愛やセックスを幸せな体験にするために欠かせない条件の一つ。だから、この章では、「自分の愛し方」をマスターすることで、恋愛やセックスへの自信が湧いてくるように、その秘訣をお伝えしたいと思います。

第3の封印ケース：アキ子さんの困り事（未婚）

「自分の体に、どうしても自信が持てないんです。お腹にも太腿や二の腕にも、プヨプヨたるんだお肉がついていて醜いなあと思うし、周りはヤセている女の子が多いので、よけいみじめになります。10代の頃からいろいろなダイエットをしてきて、一時はうまくヤセるんだけど、1年くらいでガマンが切れて過食してしまうので、リバウンドを繰り返しているんですよね。

だから、セックスする時も、体をあまり見られたくないので『恥ずかしいから電気を明るくしないで』って、いつも相手にお願いしていました。今つき合っている人はいないけど、過去のセックスでは〝イク〟ってどういうものかわかりませんでした。しても夢中になれないし、『しなきゃいけないもの』という感じで、ほかの女に浮気されないためにやるしかないっていうか……私がこんなだから相手に飽きられたのかな？　次の恋愛も、セックスのことを考えると気が重いです」

複数のテーマが絡まり合っているアキ子さんの悩み事だけれど、その核になっているのは、まさに「自己肯定感の弱さ」、別の言い方をすれば「自己評価の低さ」なのだといえます。

まず、自分の体を「醜い」と感じていること。それを変えようと努力してダイエットに励んでも、同じ失敗が繰り返されるので、ますます自信をなくしています。実のところ、失敗するのは彼女ばかりが悪いのではありません。そもそも世の中に出回っている、ガマンが必要な「ダイエット法自体が間違っているから」という要素も大きいのだけれど、もちろん彼女は自分の意志が弱いせいだと思って、自分を責めているわけです。

次に、自信がない体を相手に見せるセックスを「恥ずかしい」と感じて、夢中になれないこと。セックスでイッたことがない、オーガズムを感じられないのは、彼女自身が「恥ずかしさ」のために心身がリラックスできていないことが原因の一つなのですが、それだけでなく、おそらく今の多くの男性が「女性の体の適切な扱い方を知らないから」という世間の事情にも原因があることは、お話ししたとおり。だけど彼女は、全部自分のせいだと思って、苦手意識を強めているのです。

こうしたたくさんのボタンのかけ違いの根っこにあるのは、彼女がダイエットでもセックスでも、「**自分自身が気持ちよくいられることを、おろそかにしている**」という心のクセなのだということにお気づきでしょうか？

それは、外見や相手の都合ばかりを重んじて、自分自身の本当の欲求を軽く扱ってしまうクセ。つまり、「本当は食べたい」のに「太るからダメだ」とか、「本当はセックス中に気持ちよくない」のに「それを相手に伝えてはいけない」と押し込めてしまう思考パターンのことです。

実はこうした心のクセは、彼女にかぎらず多くの人が共通して心の底に抱えている、闇の部分と言えます。これもまた、元をたどれば、中世以降に世界各地で宗教や道徳を通して刷り込まれてきた、ある「心の封印」がルーツになっているのです。

第3の封印 「快楽に身を任せることは、人間性を堕落させる恥ずかしいこと」

こうした刷り込みの効果は、一見〝何でもあり〟の自由な時代になった今も、まだ続いています。そしてこの「自分の快楽に対する向き合い方」というのが、自己肯定感が強い・弱いを分ける、大きな鍵の一つなのです。その深いわけを、これからお伝えしていきましょう。

✴恋愛は、心と体の両方を開く人間関係

愛について教える言葉の定番として、「まず自分を愛せなければ、他人を愛することもできない」というのがあるけれど、これは、いろいろな意味で当たっていると言えます。

自己評価が低くて、自分に「ダメ出し」が多い人は、自分が好きな相手、近づきたい相手に対して、ありのままの自分を開いて見せることがなかなかできません。「見せたら失望される、嫌われる」という怖れが、心を縛ってしまうから。

そもそも、恋愛以外の普通の人間関係でも、いかに自分の心を開いて、上っ面でなく真心でつき合えるかで、その深さは決まるもの。これが恋愛になると、心だけでなく、さらに体の要素が加わってくるから、もう一つ別のハードルが増えることになる。恋愛では、ありのままの自分の体を、どれだけ隠さずに開いていけるかということが、絆の深さにつながっていきます。ここが中途半端だと、たとえセックスまでしたとしても、いま一つ絆が深まらない、不完全燃焼な関係となるわけです。

つまり、自分の「性格へのダメ出し」に加えて、「私の体のここが太っていて嫌い」だとか、

「胸がなくて恥ずかしい」「セックスでちゃんとイケるかどうか自信がないから、彼にガッカリされるかも」などと「体へのダメ出し」がたくさんあると、たとえ恋人ができても、自分をうまく開けないために、相手との一体感を味わえず、幸福度は薄まってしまうということ。

この点では、今、パートナーがいる人や、結婚している人であっても、事情は同じだといえます。自己肯定感や自己愛が足りないと、「相手が自分を必要としてくれている、好きでいてくれる」と確認することによって、その穴を埋めようとしてしまうため、せっかく惹かれ合って始まった恋愛関係でも、いつしか相手を「自分の価値を確認するための道具」のように扱い始めることから、不健全な共依存関係へと変質していきやすいのです。

たとえば、嫉妬深さが高じて、相手の行動を監視・束縛することも、DV（夫婦・恋人間の暴力）を働くことも、根っこは同じ。それらはみな、本人の「自己評価の低さからくる不安」を紛らわすための行為なのだから。

さらに、そうした横暴を受け続けながら別れられない側も、「自分を不当な行為から守ろうとする自己愛」が弱いからこそ、それを許してしまっているということ。

不思議なもので、自己評価が低く、自分をあまり愛せていない人は、それに同調するかのように、自分を粗雑に扱ってくるような相手と恋愛関係になりやすいのです。ところが同じ人が、自分をきちんと愛するようになり、自己評価が高まってくると、そんな自分を大切に扱ってくれる人と縁ができやすくなるのが面白いところ。

要は、相手が自分をどう扱ってくれるかは、自分自身が自分をどう扱っているかを鏡に映した姿だということ。だからこそ、他者との愛がうまくいかない時は、まず「自分への愛」を仕切り直すことが必要なのです。

✴自分の体を愛するコツは「見る」のでなく「感じる」こと

だけど「自分を愛する」というのは、具体的に何をすればいいのか、わかりにくい言葉です。とくに日本の女性は「ワガママ」や「自己中《チュウ》（心的）」になりたくない意識が強いために、「自分の本当の欲求」と向き合うことを後回しにしがちだから、少し苦手に感じるかもしれません。たとえばそれを、自分の長所を何十個もリストアップしてみるとか、欠点と思っているところも責めずに受け入れるといった、精神的な意味で考える人が多いことでしょう。もちろん、心の部分での自己肯定も大切な要素なのだけれど、本当はそれだけでは不十分。今の私たちに必要なのは、「自分の体を愛する」という意識と行動なのだと思います。

けれど現実には、愛するどころか「自分の体が嫌い」という女性は、とても多いのです。なにしろ今の日本では、6割以上の女性が自分のことを「太っている」と見なしていて、8割近くが「ダイエットしなきゃいけない」と思っているくらいです（CTリサーチ「ダイエット（減量）に関する意識調査」）。この数字は、客観的に見てヤセる必要がない体型の人までが、「自分はもっとヤセたほうがいい」と思い込んでいることを意味しています。

こうした錯覚を「ボディイメージの歪み」というのだけれど、こうなる原因は、メディアから大量に発信される、必要以上に細長いプロポーションに設定された、ファッションモデルの体型イメージが、「美のお手本」として刷り込まれているからです。現代のモデル体型は、星の数ほどバリエーションがあるはずの女性の美しさの、あくまで一つの例にすぎないのに、そのイメージから自分を引き算して考える女性たちのなんと多いことか。

そのため、全身のあらゆる部分に「ここが太い、たるんでいる、見苦しくてイヤになる」とダメ出しをして、その結果「自分に自信が持てない」という答えに行き着いてしまうのです。

私がじかに接するクライアントさんたちも、大半の人が自分の体の嫌いな部分について、めった斬りにけなしがちです。そういう私もまた、小学生の頃から20代半ばまでの長い間、同じ思い込みにはまってダイエットを繰り返していたので、その気持ちはよくわかるのだけれど、客観的に見ていると、いつしか「体がかわいそう……！」と、けなされている体になりかわって、痛切な思いがこみ上げてくるほどです。

そこで、【第3の封印】ケース・アキ子さんにも、私はそうお伝えしました。すると、けなしていた張本人のアキ子さんも、

「そういえば、そうですよね……。いろいろがんばって、働いてくれているのにね」

と、われに返ったように苦笑いして、視点が切り替わったようでした。

アキ子さんにかぎらず、とても多くの女性が、どんなに人から「あなたには、あなたの美しさがあるんだから」となだめられても、そう考えること自体がごまかしみたいに感じられて、なかなか信じられないのは、どうしてなのか？

その根本的な原因は、**自分の体を「外側から見る」クセがついているから**なのです。自分のことなのにもかかわらず、まるで第三者として「物体の品定め」をしているかのように、体重や体脂肪率、ウエストサイズなど、数字でわかる物差しで評価・採点する意識。ある理想像にはまらなければ落第だと裁く（ジャッジする）わけだから、これでは、自分の体を好きになるのが難しくなるのは当たり前。

では、自分の体とどう向き合ったらいいのでしょうか。

必要なのは、今までとは視点を逆にして、**体を「内側から感じる」意識に切り替えること**です。たとえば今、あなたの体が感じているのは「快感」なのか「不快」なのか、お腹や背中は「軽やか」なのか「重苦しい」のか、自分が体の内側にいる感覚を意識しながら確かめてみてください。そうした体感は、ほかの誰でもない、自分だけにしかわからないものです。だから、その体感を受け取って、どんな欲求を満たしてもらいたいかを言えるのは、自分一人だけ。つまり、私たちの誰もが、自分の体のお世話責任者なのです。もちろん、一人でするのが物理的に難しいことは、人の手を借りる必要があるにしても。

人はみな、大切に思う赤ん坊やペットの世話をする時、彼らが今、寒いのか暑いのか、空腹なのか、眠いのか、という具合に、欲しがっているものを注意深く読み取って、なるべく機嫌よく、居心地よくいられるように気を使ってあげるでしょう。それと同じように、自分の体を愛するというのは、内側で感じる快・不快を尊重して、体がなるべく快適でいられるような行動をしてあげることなのです。また、その快適さの中には、セクシャルな感覚を満たすことも含まれていて、それが日常の幸福感に影響を与える大切な働きをしていることを、この後にお話しします。

そうして、体が自分の望む「快感」をたくさん味わえるようになると、「この、**自分の体でいることが好き**」という状態に、自然と変わってくるのがわかるはずです。

✳快感に従えば、ダイエットなしでもヤセられる！

快感に従うと言うと、なにか「いけないこと」のようなイメージを持つ人が少なくありません。それは、「快楽にふけることは罪深いこと」という考え方が、古くから宗教やメディアを通して刷り込まれてきたため。おかげで、食欲は「デブになる」という恐怖心と背中合わせで、性欲は「イヤらしい」という嫌悪感と背中合わせとなって、どちらも素直な心で楽しめなくなっています。

とくにそれは、私たちの命をつなぐために必要な二大欲求である「性」と「食」が標的になっているからやっかいなのです。**性欲と食欲という「自分の内側から自然に湧いてくるもの」**に罪悪感を持たされたら、自己肯定感は弱くなるに決まっています。

私がこの本でお伝えしたいのは、本当はその逆だということ——つまり「**気持ちのいいことは、良いこと**」なのだと。

なぜなら、私たちの細胞は、「快」を感じると、「不快」な時よりも動きが活発になるようにできているから。私たちの能力は、原則として「快」である時にこそ、より大きく発揮されるようにできています。だから私たちの本能は、いつもなるべく「快」であるほうを選ぼうとアンテナを働かせているのです。

けれど昔から、「欲しいものを動物的な本能に任せると暴走して危険だから、人間的な知性で抑えないといけない」というのが、よくあるお説教の決まり文句でした。食欲をカロリー計算などの知性でコントロールしようとするダイエットも、この考え方で組み立てられています。

ところが、体に宿る本能は、実は私たちが頭で想像する以上に賢くできていることを知ってほしい。体には、頭の思考とは別に、「**つねにバランスをとり続けよう**」という独自の「**意思**」

が働いていて、それを調節するための絶妙な判断能力が備わっています。これは、生物学の言葉では「**恒常性**《ホメオスタシス》」と呼ばれていて、本能の働きもこれに基づいています。

だから、体の本能は、必要な分だけ欲しがり、満たされたらそれ以上は求めず、ストップをかけるという節度を持っています。ということは、**暴走するのは、本能ではなく知性のほうなのです**。私たちが本能を感じ取る神経が鈍っている時に、頭でっかちな計算や、心がふくらませた妄想的なイメージに引きずられて、やりすぎてしまうというわけ。

私がこの結論にたどり着いたのは、**「ダイエットを続けると太り、ダイエットをやめたらヤセる」**という、ダイエット科学が広めてきた常識とは真逆の現象が繰り返されたことがキッカケでした。10代の初めから20代の終わりにかけて、世間のありとあらゆるダイエット法を実行し続ける「ダイエット依存症」だった私は、拒食・過食・リバウンドなどをループのように繰り返すうちに、**「実はダイエットこそが、体をヤセにくい体調に変えるトレーニング法になっている」**ことに気づいたのです。

それというのも、低カロリーの食事と激しい運動をノルマにする「カロリー不足」の生活を続けていながら、私の体はヤセるどころか、長年かけてじわじわと小太りへと向かっていきました。自分はそれほど「人一倍ヤセにくい体質」なのだ、と悲観していたのだけれど、ある時、その反対の行動——高カロリー料理もガマンせずに、**体が満足するまで食べて「摂取カロリー**

を増やし」、体の負担になっていた運動をやめて「消費カロリーを減らす」という、ダイエット法則とは、まるで逆のことをしたら、何とみるみるヤセ始めたのです！

なぜ、こんな常識とは真逆のことが起こったのでしょうか？

しかもこの現象は、一度だけのまぐれではなく、三度にわたって繰り返されたので、要はこれまでのダイエット法則こそが間違っていたのだと、私は悟りました。

現代のダイエット理論が犯している一番の間違いは、私たちの体を「摂取カロリー」と「消費カロリー」という数字が出入りするだけの、意思を持たない容器のように考えていることだと私は思います。実は、体が太る・ヤセるの変化は、食事や運動のカロリーが多いか少ないかで単純に決まるのではなく、先ほどお話しした「体の意思」が決めています。つまり、その時、体が「栄養や体脂肪を溜め込もう」とするモードにある時は、カロリー収支がマイナスになっても太っていくし、逆に体が「栄養や体脂肪を手放そう」とするモードの時は、カロリー収支がプラスになってもヤセることができるのです。

この「**体の意思**」による**自動調節システムの働きを無視している**ことが、摂取カロリー・消費カロリーの計算が、現実の体の変化とは一致しない「机上の空論」になってしまう大きな原因の一つなのです。

食事を通して外から入って来る栄養が不足する状態が続くと、体は全身の代謝を節約モードに切り替えて、体脂肪が減らないように死守し始めます。ストレスに抵抗するホルモン「**コルチゾール**」も、体脂肪を溜め込む働きを強化します。つまり、私たちの体は、心身がストレスや危機にさらされている時に、自分を守るために「体脂肪」という、やわらかなクッション材のような「防護服《プロテクター》」を身に着けようとする性質を持っているということ。

ところが逆に、必要十分な栄養が与えられて、心身の満足度が高まると、体は通常以上に自分を守らなければならない必要性が薄まるので、余分な体脂肪を積極的に減らす代謝モードに切り替わります。そう、**体は満たされたら、自発的に脂肪を手放すようにできているのです**（実際に、肝臓の脂肪細胞に、そうした働きがあることが、２００６年に動物実験で確かめられています）。

私の体がこの「手放しモード」に切り替わったのは、私が頭の知性で食欲をコントロールするのをやめて、**胃や腸が訴えてくる**「**本能的な食欲**」を感じ取り、それに素直に従ったからだと言えます。そうして体が求める本当の欲求が満たされた時の「快感」を十分に味わって、食べ物に対する喜びや感謝の念が強まるほどに、どんどん「食べても太らない体調」が定着していきました。

実は【第2の封印解除】で紹介した、自己肯定感が高まる出来事があった時に湧く快感ホルモン「ドーパミン」は、私たちが「感謝の念」を抱いた時にも分泌されるといいます。この快感ホルモンは、精神的な作用だけでなく、肉体的にはエネルギー代謝を高めて、体温を上昇させる働きを持っています。ということは、私たちの体は、同じ料理を食べるのでも、「こんなものを食べたら太りそう」と怖れながら食べるよりも、大いに感謝し、喜びながら食べるほうが、贅肉《ぜいにく》になりにくいのだといえます。それを私は身をもって体験したのでした。

✴ オーガズムは心と体の栄養になる

このように、「快感を味わうこと」は、私たちの命の働きを高めてくれるものです。

ただしそれは、気持ちがよければ何でもいい、ということではありません。たとえば、気分がハイになる危険ドラッグが命を損なうことからもわかるように、脳や心をダマしながら、一時的な偽りの快感を味わう時には、私たちの体の本能は、必ず居心地の悪い不愉快なものを感じています。

それが命を高める快感なのかどうかは、私たちがしっかり自分の体の内側に意識を置いて、たしかに「体が喜んでいる」という感覚を通してつかむのが間違いありません。

性の営みのなかでは、その喜びが「オーガズム」という形で結実します。

オーガズムに達することを、日本では普通「イク」という言い方をするけれど、男性の場合は、射精にいたることが「イッた」と見なされているために、それがわかりやすいのとは対照的に、女性の場合は、この言葉に対する反応はだいたい三つに分かれます。

つまり、「イッたことがない、イクってどういう感覚なのかわからない」という人と、「一人でなら（マスターベーションなら）イケるけど、セックスではイッたことがない」という人、そして「セックスでもイッたことがある」人、というように。

では、オーガズムとは、どんな状態を指すのでしょうか？　私は、次のように定義しています。

それは、精神面と肉体面の両方の条件がかけ合わさったもの。

まず、精神面のしるしとなるのが「**変性意識状態**」――平たく言えば「トランス状態」になること。これは、私たちの体内で生産される、数々の多彩なホルモンが脳に作用して、さまざまな種類の「快感」を強く刺激するために起きるものです。

たとえば、肌を触れ合わせた時に分泌されるホルモン「**オキシトシン**」は、まったりとリラックスした幸福感を生み出し、その相手に対する信頼感や愛着を強める働きをします。

そのオキシトシンがさらに、心に落ち着いた明るさをもたらす快適ホルモン「**セロトニン**」の分泌を促してくれます。セロトニンはまた、物事にハマっていく集中力をもたらす作用があるので、たとえば読書や瞑想の時にも湧いてきて、脳波を深いリラックスを意味するα《アルファ》波状態に連れていくことでも知られています。だから、まぐ合いの最中に深いリラックス感が続くと、眠りの一歩手前のレベルの深い瞑想状態となって、思考がふつりと停止してしまうこともある。世間で都市伝説のように扱われてきた、セックスによって「失神する」といわれる状態は、こういう場合も含んでいるのでしょう。

そしてまた、相手と結ばれたいという望みを叶えた達成感と喜びは、快感ホルモン「ドーパミン」の分泌を促して、全身が熱くなるような高揚感（ハイな感覚）をもたらします。

さらには、恋愛中によく分泌されると言われる、強烈な鎮痛作用を持つ脳内麻薬「エンドルフィン」が加われば、無性《むしょう》に幸せでならない「多幸感」を味わわせてくれるのです。

こんなふうにいろいろな至福の感覚がなだれのように押し寄せる状態は、「エクスタシー」（恍惚感《こうこつ》）とも呼べるでしょう。

さらに、こうした精神的な変化に加えて、肉体面のしるしが重なると「オーガズム」と呼べるのです。

そのしるしとは、「**筋肉の収縮**」が起きること。

具体的に言うと、体の内側がキューッと引き絞られるような感覚や、「ほと」（膣）の内部が、ピクッピクッと収縮を繰り返し、痙攣《けいれん》のような運動を始めること。あるいはブルブルブルッと全身に震えが湧き起こることもあります。男性の場合は、精液の通る管を囲む筋肉が引き締まって、これが射精へとつながっていくのです。

こうした「収縮現象」は、実は精神面ではトランス状態をもたらしてくれた「オキシトシン」が、肉体面で起こす働きでもあります。

愛しくて、愛しくて、体の芯がキューッてなる感覚、と言ったら伝わるでしょうか。

その自分の深いところから湧いてくる「引き絞り」の後には、大きな脱力が訪れます。そう、強い収縮の後には弛緩《しかん》、ゆるみが起こるのです。そうして私たちは、まるで押し寄せる快感の高波から一気に解き放たれたように、心地よく安らぐことができるのです。

✴なぜ「愛すること」は健康にいいのか

このように、私たちが体を使って愛し合う時、それは心に変化をもたらします。体の刺激によって、愛おしさや幸福感が湧いてくる仕組みがあるのです。

その反対に、心に愛を感じている時、それは体に変化をもたらします。心臓の鼓動が高まったり、疲労が吹き飛んだり、瞳が潤《うる》んで輝き、体温が上昇します。

心が先か、体が先か、愛から生まれる私たちの歓びは、その両方が混然一体となって結びついていきます。ふたつの現象の間をつないでいるのは、私たちの体内で生み出されるさまざまなホルモンや脳内物質が織りなす化学反応だといえるでしょう。

おもしろいのは、脳のエクスタシーや全身のオーガズムをもたらすホルモンはみな、それぞれ私たちの体調をよくする働きを担《にな》っていること。オキシトシンとセロトニンには、免疫力を上げる作用がありますし、ドーパミンは私たちのエネルギー代謝を高める働きをします。おそらくこのドーパミンのおかげで、私たちは体も心も満たされたまぐ合いの後、体熱がポッポと上昇した感覚に浸されたりするのです。

さらにドーパミンは、まぐ合い以外の場面でも、「自己肯定感が高まる出来事があった時」や「感謝の念を抱いた時」に湧いてくることをこれまでお話ししてきました。これらすべてをまとめると、結局私たちは、**自分自身の価値を認める、つまり自分を愛せた時や、自分に与えられたものを愛することができた時に、より多くのエネルギーを生み出すことができるように造られている**ことがわかるでしょう。

一方で、オーガズムを引き起こすオキシトシンもまた、セクシャルな場面にかぎらず、広い意味で「肌の触れ合い」によって湧いてくることで知られています。

たとえば、子育て中の母親がわが子を優しくなでた時、なでられた子となでた母親の両方の体内でオキシトシンが分泌されます。これは、親子のように親密な間柄ではなくても、マッサージ師とお客のような他人同士でも、信頼関係のもとでの触れ合いは、同じようにオキシトシンを生み出すことがわかっています。

もっと言うと、これは人間同士だけにかぎらず、ペットの犬と飼い主とのじゃれ合いによっても、犬と人の両方にオキシトシンが分泌されるのだといいます。こうしてお互いに対する信頼感や愛着の念が育っていくわけです。

さらにおもしろい実験結果があります。「触れ合い・スキンシップ」で湧いてくるホルモンとして知られるようになったオキシトシンだけれど、実は直接の触れ合いがなくても、親しい人同士で飲み会を楽しんでいるような場面でも分泌されるそうで、そこには体だけではない「心の触れ合い」までも含まれることがわかります。

そればかりか、相手が親しい間柄に限られるわけでも決してなく、見ず知らずの人に、自分の利害に関係なく親切な行為をしてあげた時にも分泌されることがわかったそうです。

ということは、その行動の形が何であっても、人が**恋愛も家族愛も隣人愛も含めた、広い意味での「愛」を、体を使って表現する時**に、オキシトシンは湧いてきて、私たちの気持ちをまったりと和らげて「いい気持ち」にさせ、同時に免疫力を強めてくれるのだといえます。

だから、**私たちの体は、愛さずにはいられないようにできている。**

愛を体で表現するたびに、新たな快感物質が生み出されて、私たちの生命力を強化してくれるのだから。

それを如実に物語る体験例として、私の友人の話をしましょう。

彼女は、国の難病に指定されている、ある病を患っていました。結婚はしていましたが、性生活はなくなっており、彼女自身もその復活はあきらめていました。ところが彼女に女性としての情熱を思い出させてくれる男性との運命的な出逢いがあったために、彼女はこれまでの結婚を潔く終了しました。そして新たなパートナーと、生まれて初めてといえる、全身全霊で愛を通わせ合うまぐ合いを重ねるうちに、あろうことか、ものの一年ほどでその病は癒えてしまったのでした。


本当の快楽は、病をも癒し、命を救うことさえあるのだということ。だからこそ、逆に、私たちがその事実に気づくことができないように、長い間、情報が操作されてきたのです。

それというのも、「快楽は罪深い」という古くからの教えの奥には、「喜びを味わいつくしてはいけない、そこから生まれる力を使いこなしてはいけない」というメッセージがひそんでいたと考えられるから。もっと簡単に言うと、当時の支配者たちは、**真のオーガズムがもたらす**、**精神的**にも**肉体的**にも**健康**で**力強く**なれる**というメリット**を、一般庶民が受け取れないようにしたのだということ。なぜなら、一般の人々をなるべく力弱く不幸な状態にとどまらせておくほうが、支配しやすいからです。

けれど今や時代は切り替わり、この世界は、私たち一人一人が、自由意思で人生の質を選べる可能性がかなり大きくなる方向に進んできました。だから、これからは、私たちの体に内蔵されたこの力を、長年の「罪の意識」から解放し、喜びとともに使いこなしていきましょう。それが、これからの時代には必要になってきます。

✴女性のオーガズムの三つの段階

この、私たちの身に備わる「自然なオーガズムの美しさ」は、長い歴史の中で鍵をかけられてきたのだと言えます。たとえば、キリスト教会が庶民の暮らしをガッチリ支配していた中世ヨーロッパでは、聖職者たちは女性がオーガズムにいたって興奮している姿を「悪魔にとり憑《つ》かれている」と言って、まるで異常なことのように非難したのだそうな。おかげで女たちは、自分の「感じる力」「歓ぶ能力」を押さえつけなければならなくなりました。度を失って大声をあげたり、激しく動いたりして、「はしたない」と眉をひそめられてしまわないようにと。

そう、男性優位の社会では、「性欲の持ち主は男」と相場が決まっていて、女はあくまで男たちに性欲を引き起こさせる、魅力的だがやっかいな「欲望の対象者」。そうして女たち自身が持っている性欲は、長い間無視されてきました。

そんな歴史的いきさつもあって、多くの女性が自分の体の「性的な仕組み」について、十分に知らされないまま生きることになったのです。

だけど、これだけセクシャルな情報があふれる時代になった今もなお、【第3の封印】ケース・アキ子さんに代表されるように、「セックスでイッたことがない」という女性が多いのはどうしてなのでしょうか？

それは、繰り返しお話ししているように、世の多くの男性が、女性の体の性質に合わせた扱い方を教わっていないから。さらに、そこで自分がどう扱われたいのかを伝えればいいはずの女たちもまた、自分の体の適切な扱い方をよく知らない人が少なくないという実情があるからです。そういう場合は、これまでつき合ってきた男性のやり方が正しいのだろうと鵜呑みにして、うまく感じられないのは自分の体がよくないのだと、自ら罪をかぶっていることが多かったのです。

そこで、探求心旺盛な女性なら、ある程度体験的にわかっていることでしょうけれど、ここで女性が豊かなオーガズムを得るための道しるべとなる、快感の全体像をお伝えしましょう。

女性のオーガズムの姿は、大きく分けて三つの段階を持っています。それは、女性器の姿かたちが三つの部分に分かれているからでもあります。

その一つ目の部分とは、股間の表面に見える「外性器」と呼ばれる場所にある、英語で「クリトリス」という名の小さな突起。医学的には「陰核」と呼ばれるこの部分は、学校の保健体育では当然のように無視されます。なぜなら、ここは、「妊娠や出産とは関係がない」と見なされている器官だから。じゃあ何のためにあるの？　と聞けば、「快感のためだけにある」とも言われています。

確かにここは、まるで「ほこ」と同じように、刺激すると充血してふくらんで勃起を始め、とても敏感になります。それもそのはず、この部分は、女性の中に宿る「男性器」なのだから。

それが何を意味するのか種明かしをすると、人はみな、母親の胎内にいる時、受精してから50日間は性別のない両性具有の体をしていることをご存じでしょうか？【第2の封印解除】では、私たちは性別が何であっても、女性性と男性性の両方の要素を持っているという話をしたけれど、実は肉体の器官としても、異性の部分を持っているのです。

この「クリトリス」にあたる日本語は、現代の日常語では消えてしまったけれど、江戸時代には「さね」と呼ばれていたらしい。これは、小さな実を覆うサヤといった意味です。

女の中の男の部分である「さね」は、昇りつめるのが比較的早い。そのためここは、女性にとって最初に体験しやすい、オーガズムの扉を開く表玄関の役割をしています。

「さね」が表に露出している部分は小さなものだけれど、実はその筋肉は、体内に深く延びていて、「ほと」の入口に近い部分を覆うように続いています。だから、「さね」の快感は、女性のさらに深い場所へと感覚を伝える、起動スイッチと言えるのかもしれません。

今の時代の女たちは、「さね」で感じるオーガズムのことを「外イキ」と呼んでいて、それよりもっと深い、膣で感じるオーガズムを「中イキ」と呼び分けて、なかなか手に入らないものとして憧れている人が多いのです。

だけど、いきなり内部の「ほと」だけ刺激しても、オーガズムは簡単には手に入らない。なぜなら、女性の体は、外側から徐々に時間をかけて、だんだん内側へと「ゆるみ」が伝わっていくようにできているから。まだゆるんでいない段階では、女性器はどの部分もヘタに刺激されると「痛い」もの。女性器の通常モードは、縮んで引き締まった状態だからです。性感が開くことで、初めて女性器は外側からゆるみ始め、ゆるむと刺激が「快感」に変わるのです。

つまり、《**女性器は、緊張している時には痛いところが、リラックスすると快感に変わる**》という性質があることを覚えておいてください。

すると、多くの女性がセックスの最中に痛い思いをしている原因は、まだゆるんでいない段階で、男性から一方的に強く押し開かれたり、突かれたりしているからだとわかります。だから、女性の中に入っていく男性はもちろん、受け入れる女性も、ともに女性の体の「ゆるみ具合」を見極めながら進んでいくことが必要なのです。

二つ目の段階、「ほと」のオーガズムは、それほど深いところではなく、浅いところにスイッチがあります。そもそも「ほと」は、深いところは神経がまばらになっており、浅いところにだけ神経が集中しているのです。それはやはり、赤ん坊が通る産道として使われる時のために、深いところは少し鈍感であるほうが都合がいいからでしょう。

その浅いところにあるスイッチは、一般に「Gスポット」という名で知られています。それは、女性が自分で指を第一関節がもぐるあたりまで挿し入れた時に、指の腹側に当たる、尿道に近い側の壁にあります。ただし通常モードの時は、そこには何も見つけられません。快感の扉である「さね」がふくらんで、その延長上にある「ほと」の浅い部分へ十分な刺激が伝わった時に初めて現れるのです。

「ほと」がゆるんだ状態となってから、心地よい刺激を淡々と辛抱強く与え続けると、生ぬるい快感が続いた後に、突然、その部分が隆起したように立ち現れます。現れたボタンを押すと、奥深いところからにわかに大波がせり上がって、ザバァーン――となだれのように打ち寄せるのです。

この場所のオーガズムを一度でも体験すると、女性の体が生まれ持つ力の奥深さに心打たれるに違いありません。そして、自分自身の中にある底力を、心から信頼できるようになることでしょう。この体験は、まぐ合いの中で得ようと躍起にならなくても、自分一人でも叶えることができます。そして、二人でなく一人で得たのだとしても、虚しさや寂しさの入る余地がない、深く満たされた感覚と安らぎをもたらしてくれるのです。

三つ目の段階のオーガズムは、心地よいまぐ合いを長時間続けることができて、「ほと」のゆるみが深い所まで伝わった時に、達することがある場所だと思ってください。

その部分とは、子宮の入口にあたる「子宮口《こう》」。俗に「ポルチオ・オーガズム」という名で知られてもいます。大和言葉では、胎児を包む胎盤や羊膜のことを「えな」と言うのだけれど、21世紀の今、その解釈を広げて「子宮」の意味でも使われるようになってきたので、ここでも「えな」と呼びます。

この部分が、オーガズムの特徴である収縮運動を始めると、スポイトのように吸い込む動きを繰り返します。これは「ほこ」の先端から精液を絞り出して、「えな」の中に取り込もうとする本能の働きなのです。この時、「えな」は「ほこ」に向かって自分から降りてきて、吸いつくように動くのだということが、医療カメラなどなかった江戸時代の春画にも描写されています。男性の方なら、この「吸いつかれるような感覚」を体験したことがある人もいるでしょう。

子宮口のオーガズムにはもう一つ、おもしろい特徴があります。二つ目の段階のオーガズムまでは、女性の口からは、猫の鳴き声や鳥のさえずりのように、高く甘い声が発せられていたことでしょう。ところが、子宮口にオーガズムの波が達すると、一転、突如、女ののどの奥からは、「ウオーッ!!」と野獣の咆哮《ほうこう》のような低く太い声が湧き出してくるのです。それはちょうど、出産の真っ最中に、多くの妊婦が陣痛の大波に耐えかねてあげる吠え声によく似ています。

実は、出産とオーガズムには、隠れた共通点があります。

先ほどオーガズムを引き起こすホルモンとして、オキシトシンのことを紹介したけれど、もともとこのホルモンは、出産時の陣痛を引き起こすホルモンとして、20世紀の初めに発見されたのが最初でした。月が満ちて大きくふくらんだ子宮をキュウゥと収縮させて、赤ん坊がぬくぬくした胎内から外へ押し出されるよう揺さぶりをかける役割を果たしているのです。

そう、陣痛がオーガズムと共通しているのは、「オキシトシンによる収縮作用」だというところ。子宮の筋肉が強制的に引っ張られるので、ほとんどの妊婦がそれを「痛み」と感じて大声をあげると、それはまるで野獣が吠えるような叫びとなります。きっと痛くても、快感であっても、子宮が深く感じている時に出てくるのは「野性の声」になるということなのです。

それを考えると、実は陣痛とオーガズムとは紙一重ということにお気づきでしょうか。事実、女性の体は陣痛を、痛みではなくオーガズムとして体験することもできるのです。私はそんな幸運な体験を味わえた女性を何人も知っています。

《女性の体は、緊張していると痛い所が、リラックスすると快感に変わる》という法則を思い出してください。詳しくは、【第5の封印解除】でお話ししましょう。

✴ 男性の本当のオーガズムは隠されている

世間の一般的な理解としては、女性のオーガズムは全身で何度も感じることができて、数分間続くのに対して、男性のオーガズムは、性器周りの一カ所だけで感じるもので、射精によって2秒で終わるから味気ない——という言い方をされてきました。

けれども、こうした見方は、男性の能力を小さく見くびっています。実は男性の体にも、全身で長い時間にわたってオーガズムを味わえる力が備わっているのだから。

それなのになぜ、「性器だけで2秒で終わる」と信じられてきたのかといえば、これまでの常識的セックスの作法では、男性が生殖器周辺で湧き出した性のエネルギーを、全身にめぐらせるより先に、すみやかに射精という形で外へ捨ててしまっていたからです。

オーガズムが全身に伝わるのには、必要なプロセスがあります。まず、下半身の生殖器周辺で、ウズウズと活気づいて温められた性エネルギーが、ホルモンや背骨の神経に運ばれながら上昇して脳まで達すること。すると、そこで日常の意識を飛び越えるような高揚と解放の感覚が湧き起こり、それが全身に震えるような感覚を伴いながら大きく広がっていくのです。

それには、ある程度以上の時間がかかるし、さらにもう一つ、全身の神経を緊張から解き放って、ほどよくリラックスさせることも必要です。

ところが一般に、セックスに臨む男性は、「射精というゴールを失敗なく達成しないと男として失格」という社会的な刷り込みがあるために、神経はどちらかというと仕事やスポーツ中に近い「緊張モード」が保たれています。神経がリラックスしきれていないので、全身のオーガズムにいたらないのは当然なのです。

代わりに、ゴールキックの緊張感を保ったまま射精にいたることによって、生命エネルギーを消費した脱力感が訪れ、それによってやっと全身の力が抜けて、リラックスすることができる。その解放感や達成感の心地よさがオーガズムなのだと、狭い意味で理解されてきたというわけ。

だからもし、射精をセックスの目的としてめざすことをやめて、性エネルギーを全身にめぐらせるコツを身につけたら、これまでよりはるかに深く大きなオーガズムを体感できるようになることでしょう。この具体的な方法については、【第4の封印解除】で詳しくお話しします。

✴︎セクシャルな「自愛」が、いい「交愛《まぐあい》」の土台になる

ただ、断っておきたいことが二つあります。

まず、なにもオーガズムまでいかなくても、そこに達する手前の、さまざまな種類の心地よい快感もまた、大切なものだということ。だから、まぐ合いのたびごとに、「イカなくてはならない」とノルマのように感じる必要はありません。それは本来、無理やりめざすものではなく、途中のプロセスを存分に味わいながら、体と心の条件が整った時に、不意打ちのように湧き起こる、自然現象なのだから。

そしてもう一つ、オーガズムの歓びは、まぐ合う相手がいる人だけの特権ではないということ。もし、まぐ合う相手がいなければ自分は歓びを得られないのだと思いつめてしまうと、出会う相手を「自分が快感を得るための道具」のように思ってしまいかねません。

だから、人は大人になるまでの過程で、自分の体の性的な快感のありかを、自分で学んでおく必要があるのです。なにしろ私たちはみな、自分の体の「お世話責任者」なのだから。

その点、性器がわかりやすく体の外に突き出している男性の場合は、ほとんどの人が思春期から、目の前で反応がありありとわかる自分の「ほこ」に刺激を与えて射精に導くという、いわゆる自慰行為（今の通称はマスターベーションかオナニー）を経験しているのに対して、性器が内部に埋め込まれている女性の場合は、自分を快感に導く経験のある・なしや、経験の程度は個人差が大きいと言えます。

早い人は幼児の頃から、だいたいは思春期の間に、偶然の刺激で自分の下半身に快感が広がる現象を「発見」することから始まります。

刺激の与え方は人それぞれで、エロティックな想像とともに、局部に触れる代わりに意識を集中させるだけの人や、下半身には触れずに胸だけを触る人もいる。局部に触れる場合も、直接自分の手ではなく、布団にこすりつける人や、シャワーのお湯を当てる人、あるいは衣類の上から間接的に触れる人。そして覆いなしに直に素肌に触れる人という順番で、この行為に対する心理的な抵抗が弱まってきます。

ところで、私は性に関わる言葉を、なるべく響きのいい日本語で表現するために、マスターベーションのことを、自分を愛するという意味で「自愛」と呼んでいます。

そう言うと、日常あいさつ文の「ご自愛ください」という言葉とダブって紛らわしいと思われるかもしれません。けれど本当は、もっと日常的な「自分の体を愛する」動作、たとえば、お疲れぎみの自分の手足を優しくなでさすっていたわることの延長に、セクシャルな部分の自愛があるのです。だから「セクシャルなこと」と「それ以外」をパッキリ区別するのではなく、それらはひと連なりのグラデーションのように続いているのだと理解すればいいのです。

また、日本語ではないけれど、これと似たような意味を持つ、英語の「セルフプレジャー」を使ってもいいと思います。

セクシャルな自愛行為をすることのメリットは、たくさんあります。まず、男女共通のものからあげてみましょう。

①「快楽=罪深い」という刷り込みを取り去り、「体が喜ぶことは、善《よ》いこと」だと体験的に知ることができる。

ただし、現実より暴力的に作り込まれているポルノ動画を、マスターベーションのおかずにするのは、罪や恥のイメージを上塗りするので、お勧めできません。そこは、実在の人でも理想像でもいいから、好きな相手のイメージを思い浮かべるなどして、自分自身の感性から生まれる想像力を使ってほしい。そのように、自分の中からイメージを汲《く》み上げる想像力が、いいまぐ合いができる感性の元になるのです。

②自分で自分を満たせるようになる。つまり、つき合う人を「満たされないものを埋めるための相手」にしなくてすむ。

これは男性にとっては、女性の心と体を、性欲解消のための道具や物扱いすることなく、相手の意思を尊重できる余裕が湧くことにつながります。

また、とくに女性にとって、ここは重要なところ。なぜなら、女性はもともと男性に自然エネルギーを与える立場だから。与える側が「もらいたい」意識でいっぱいになると、関係はうまく回っていかなくなります。要は、女は大人になると、「オッパイを飲ませて」と求めるのではなく、自分がオッパイにならなくてはいけない存在だということ。女がエネルギーに満たされて、あふれているほど、男はそこに引き寄せられていくものなのです。

③心身を緊張から解放する、リラックス効果。

私たちの自律神経は、「緊張モード」（交感神経が優位の状態）と「リラックスモード」（副交感神経が優位の状態）を、日々交互にリズミカルに体験することで、健康的なバランスを保つようにできています。

原則として、日中の仕事や勉強をしている時間帯には、私たちの神経は緊張モードになっています。それが、日が沈む夕方頃にはリラックスモードに切り替わり、夜の安らかな眠りへの準備を始めるのが、本来の健康的な体のリズム。ところが、現代社会に暮らす私たちの神経は、夜遅くまで昼間と同じように、パソコンやスマホなどの光の刺激にさらされているため、その切り替えがうまくいかない場合が増えているのです。

その点、セクシャルな刺激による、心地よい快感やオーガズムは、神経に深いリラックスをもたらしてくれます。だから、セクシャルな時間を持つことは、私たちの神経をゆるめるためにも、いいことなのです。

④自分の体の快感のありかを知ることで、「自分の体の〝トリセツ〟（取扱説明書）」がわかるようになる。

女性にとっては、「ほと」が柔軟で健康な状態でいられるようお手入れをすることと、オーガズム体験の自主トレーニングになります。

そして男性にとっては、「ほこ」が清潔で健康であるようお手入れをするとともに、「射精をせずに性エネルギーを体内に保持する技能」の自主トレーニングとしても活用できるのです。

⑤女性が「自分の体の美しさ」を知ることができる。

自分の体を愛するコツは、「外から見る」のではなく「内から感じる」ことだとお話ししたことを思い出してください。自分の外見が気に入らなくてダメ出しをしていた女性も、自分の内側から湧き起こるオーガズムの美しさに心打たれると、自分の体に対する根本的な自信が生まれます。それが、深いところでの自己肯定感につながるのです。

✴見たくなかった女性器への怖れと嫌悪感が消える「清めのワーク」

最後に、女性が「自分の体を愛すること」を完全なものにするために、つけ加えておきたいことがあります。それは、自分の女性器の姿を、隅々まできちんと見てあげるということ。

セックスの相手には見せておきながら、自分の体なのに、自分の女性器をきちんと見たことがないまま生きているというのは、考えてみればおかしな話です。けれど、それを実行したことがある女性は、私が知るかぎりでは、3割程度の少数派。たとえ普段からセクシャルな自愛をたしなんでいて、よく触れている女性であっても、わざわざ見ることはしていない場合が多いのです。それだけ今までの長い間、女性が性に対して受け身となり、主体性を持てないように、コントロールされてきた証拠だろうと痛感します。

そこには、単に普段見えないから思いつかなかったという理由のほかに、歴史的に根深い「心理的な抵抗」も横たわっています。私がセミナーやカウンセリングのお客さまに、自分の女性器を見ることをお勧めすると、「できないかも」「怖い」「あまり見たくない」という後ろ向きの反応をする人が多いのです。主な理由は、その部分が「汚い・不潔な場所」「醜い・グロテスクなところ」というイメージが強くあるからです。

中には、若い頃に少し見た時に予想外のグロテスクさにショックを受けて、「自分の女性器は醜い」と思い込み、劣等感を抱いている人もいます。けれど、その醜いと思う理由を聞いてみると、そこには誤解があるのです。黒ずんだ色をしていることは、女性ホルモンの影響によるもので、思春期以降に誰もがそうなっていく普通のこと。また、左右非対称の不揃いな形も、当たり前のことです。

けれども、「大陰唇」と呼ばれる、表面の黒ずんだふくらみを左右に広げると、血色のいい唇のような濃いピンクの姿が現れます。鏡を使って、「ほと」の入口や尿道口のありかを確かめてみてください。よく見ると、女性器の中に「ミニチュアの男根」が隠れているのを発見できるかもしれません。それがそう、先ほどお教えした、母親のお腹にいる時に男根（ほこ）になるかもしれなかった「さね」なのです。

このミニチュアの男根像は、よく見ると、頭巾《ずきん》をかぶった人の姿にも見立てられます。そういえば昔の人の言葉で、女性器を見る時に「観音様を拝む」という言い方があったけれど、それはもしかすると、この姿のことを指していたのかもしれません。

そうして、ありのままの自分の「核心」の姿を受け入れ、認めてあげながら、適温のお湯で優しくなで洗いをしてあげるといい。すみずみまで清潔になるように、ただしデリケートな粘膜を守ってくれる常在菌を殺さないため、石鹼は使わずに、必要なら専用の洗浄料で。

私がお勧めしているのは、この自分自身と向き合う、いわば「清めの儀式」専用のカップを決めて、お湯を満たした中に、オーガニックのエッセンシャルオイルを一、二滴垂らすこと。これを「清めの水」として、その部分を宝物のようにお手入れしてあげるのです。

それは、ありのままを見つめるという男性的な愛と、優しく触れるという女性的な愛で、自分の「核心」を愛《め》でてあげることになる。一度でもこれを実行することができたら、自分の中心に太い芯が通ったような、力強い感覚が湧いてくることでしょう。

これを、いつでもあなたの気が向いた時や、自分にとって大切な予定の前日などに行ってみてください。ちなみに、毎日の習慣にするほど熱心に実行したある女性は、長年の自分嫌いと男性嫌悪がすっかり消えて、自分のことが愛おしくなり、職場の男性たちに対しても温かい気持ちが湧くようになったそうです。

まとめ

私たちの体に組み込まれている「喜びを感じる能力」。

それを抑圧せずに使いこなすほど、体の働きは高まっていきます。

そのためには、自分の体が感じる「快」と「喜び」に自覚的になって、その求めに忠実に応えてあげることが大切。

「性感を使うこと」「愛すること」「食べること」——そのすべてに体は「快」と「喜び」を感じます。でも、もしその行為に「不快」が混じっているなら、どこか体に対して嘘をつき、無理をさせているのかもしれません。その違いに、よく気づいてあげて、体の感覚を尊重してあげること。それがあなたの「愛する力」を高めてくれるのです。

自分を幸せにしてくれる力を、つき合う相手に求める必要はありません。

その力は、あなたの中にあります。

詩とエッセイ：美しき性を歌う4

海中を揺らす
うねりの深さに
差があるように
一番深くまで届いたのが
あなた

私たちが誰かと体を重ね合わせる時、体のまとうエネルギーの衣も絡み合っているのです。

誰かと肌が合うというのは、肉身より先に触れ合う、

互いのエネルギー同士のなじみ具合いの良さから来る質感なのです。

エネルギーの融合から始まる化学反応のようなインパクトが、
海なる女性の器の源泉に届くと、内側から大きな波が生まれます。

深いところからザザザとせり上がってくる、
大きな昂《たか》まりのエネルギー。

そう、女性の感じるオルガズムは海の波に似ています。

男性が女性にもたらす歓びというのは、
女性の内側でたゆたう豊饒の海を、
水面から少しずつ揺らしながら、
やがて海中に深く及ぶような
うねりを作り出すことなのです。

《第4の封印解除》

「いつくしむ性」を知れば愛し愛される力があふれる

プロローグでは、21世紀の日本でセックスをしたがらない男女が急増している本質的な原因として、今ある常識的なセックスの「方法が間違っていて、イメージが歪んでいるから」ということをお伝えしました。そのために「疲れるから、やりたくない」ものとなり、「愛情が家族的なものへと落ち着いてくると、できなくなる」事態へ進むというわけです。

けれども、本来の自然なまぐ合いであれば、逆に「**疲れが癒されて元気になるもの**」で、「**家族のように気が許せる仲になってこそ、より深い感覚を味わえるようになる**」のです。それだけ現代のセックスのあり方が、いかに不自然にねじ曲げられているかがわかるでしょう。

そこでこの章では、現代の人々の実質的な性のお手本となっている「AV型セックス」の、どこがなぜ不自然なのかという核心と、では、どうすれば男女が本来持つ力を引き出し合える「至福のまぐ合い」を体験できるのか、という具体的な方法をお教えしましょう。

初めに、セックスレス離婚を経験した女性の典型的な相談例を見てください。

第4の封印ケース：フユ子さんの困り事（シングルアゲイン）

「前の夫とのセックスには、あまりいい思い出がありません。新婚の頃はそれなりにありましたけど、だいたい、彼が射精までいったらそれで終わりというか、うまく言えないけど、私のことは置いてけぼりにされているような空しい感じがしていました。

でも、お互いに子供は欲しかったので、『妊活しよう』ということで、私の排卵日に合わせてセックスをすることに決めていたんですけど、そのうち夫がＥＤ（勃起障害）になってしまったんです。最後は一緒にいても楽しくなくなって、『価値観が違うね』ということで離婚を選びましたが、本当は『セックスがうまくいってたら、こうはならなかったんじゃないか』という思いがあります。

妊娠のリミットの前に再婚したい気持ちもあるんですけど、前の夫とのことで『私は女として根本的に魅力がないんじゃないか』って自信を失っていて、また同じことになるのが怖くて前に進めないでいます」

新婚当時からセックスで「空しい感じ」がしていたという言葉は、その方法が愛を深めるための役に立っていないことを意味しています。これは決してフユ子さん独特の感じ方というわけではなく、同じような感想をもらす女性は少なくありません。

また、彼女の前夫が陥った「妊活ＥＤ」という現象は、「妊活セックスレス」と並んで、最近よく聞く言葉となってきました。こういう場合、ひと昔前までは単純に「男性側の性的能力の問題」として片づけられていたものだけれど、今では女性までもが「自分の女としての資質の問題」と受け取って、自信を失う結果にもなっています。

こんなふうに男女がセックスのために気まずくなる根本原因として横たわっているのが、遠い昔から人々の意識に刷り込まれてきた、この封印です。

第4の封印「性行為の目的は射精であり、それができなければ完全ではない」

これは当たり前のことのようだけれど、実はそうではありません。なにしろこの考え方は、「男性性に偏ったセックスのやり方」を代表する思い込みの一つで、このルールがあるために大勢の男女のセックスが不自由なものになっているのです。

人間の性行為が他の動物と大きく違っているのは、その目的が生殖のためだけではないというところ。【第1の封印解除】でお話ししたように、それはお互いの生命エネルギーを通い合わせて、二人の間で新たな電磁気エネルギーを生み出して分かち合う、全身全霊の栄養チャージという目的を持っています。だから本来、人間の性行為にとって、射精は必須《マスト》項目ではありません。時に応じて、してもしなくても、どちらでもいいものだとお伝えしました。

そもそも、人間の性行為がこんなふうに定義づけられたのは、おそらく政治的な理由と、宗教道徳的な理由の、二つの道筋から来ています。

政治的な理由としては、今から数千年前に社会のあり方が、男性が女性と子供を所有する仕組みに方向転換したことに始まります。それに合わせて、本来は男女がお互いに満たし合うものだったはずの性行為の意味づけが、「男性が女性を力で服従させて、自分の遺伝子を植えつけるためにするもの」へと変質していったのです。

そこから男性にとって射精の快感は、征服欲と所有欲を満たすしるしとして、欠かせないお約束になったのでしょう。もちろん、個人的な感情レベルでは、愛情ゆえに「愛しい彼女の中で果てたい」と思ってする男性が多いでしょうけれど、問題なのは、それを「しなければならない」という思い込みの存在なのです。


宗教道徳的な理由は、紀元数百年ごろから世界各地で宗教組織が権力をふるい始めた時、こう教えたことが発端になっています。

「性の快楽にふけることは、卑しい獣の次元に堕ちるような罪深いこと」

こうして私たちが全身全霊の歓びへといたる道を閉ざしておく一方で、ただそれだけでは、みながセックスをガマンした結果、子孫が減ってしまうと支配する側は困るので、こうつけ加えたのです。

「ただし、子づくりのためなら、神も喜ばれる」と。つまり目的を限定して奨励したというわけ。

その結果、人々のセックスは、子供を授かるための射精を目的として、あまり時間をかけずに手短に行うやり方が定着したのだと私は考えています。

厳密に言えば、射精までしなくても、「ほこ」が勃起して挿入ができれば、すでに精子は少しずつ漏れ出ているので、妊娠は可能なのですが、それでは確率は著しく低くなりますから。

この古い時代に操作されたセックス作法が、そのまま現代のＡＶにまで引き継がれていることにお気づきでしょうか？　まず、この封印から自由になるための話から始めましょう。

✴「男の面子《メンツ》セックスレス」から自由になろう

ほとんどのＡＶが生身のセックスのお手本としてふさわしくない理由は、繰り返しますが、それがマスターベーションのお供として「男性が一人で、効率よく射精すること」を目的につくられた、一方的なファンタジーだから。つまり、射精という一つのゴールをめざして、男性特有のすばやく直線的な「火のエネルギー」のペースで、一気に進めていくという描き方になっています。まさに男性性だけで作られているような行為となってしまうので、多くの女性が「置いてけぼりにされてる」と感じるのは当然のこと。

そして女性が喜べないような行為は、結局、男性にとっても負担になってくるのだと言えます。なにしろ現代の男性が、たとえ女性から求められてもセックスを断る第一の理由が「疲れるから」だという事実。これは、ＡＶで描かれているような「男性性に偏りすぎたセックスの方法」の不自然さに、男性も生身の体がついていけなくなっていることを物語っています。

本来は元気になるはずのセックスで、逆に疲労することになる大きな原因が、第4の封印である「射精至上主義」の思い込み。なぜなら、射精という行為は、男性の体内の豊かな「陽の気」を外に放出することであり、生命力を消耗することを意味しているから。逆に言うと、それは自らの命を削って、次の世代の子供に与えるという、奉仕の行為なのです。本来は、子供を授かってもいいという覚悟がある時や、そうではなくとも体調や気力が満ちている場合に、心を込めて実行するとよいもので、いつでも無差別に出せばよしというものではないのです。

消耗を自覚する度合いには個人差があるけれど、だいたい40代になれば、1回射精をすると体の芯がぐったりして、体力が回復するのに半日から丸一日ぐらいかかるという話をよく聞きます。体にとってそれは自然なことであって、決して恥ずかしいことではありません。

それなのに現代のメディアでは、射精回数が多いことが「男の強さの証明」というイメージを私たちに吹き込んできたものだから、これでは男性にとって、セックスのたびに射精というゴールを決めることがノルマとして課せられているようなもの。だから、働き盛りの男性としては、射精後のダメージを考えると、翌日の仕事に響くのを怖れて、セックスそのものを避けたくなるのが人情というものでしょう。

また、たとえ仕事がない時でも、若い盛りの時に比べて、射精に向かう勢いが弱まってきたことを自覚すると、そんな「男として弱くなった」自分を見たくない、妻にも見せたくないからこそ、セックスという行為から降りてしまい、それ以外の経済的・社会的な力で「男を見せよう」と、スイッチを切り替える男性も少なくありません。私はこれを「男の面子《メンツ》セックスレス」と呼んでいます。

だけど本当は、セックスをしても必要を感じない時には射精はしなくてよいこと、むしろ射精をしないで精力を体内に収めておくことが、生命力の強化や、肉体的な若返りにつながることがわかれば、どれだけ多くの男性がプレッシャーから解放されることでしょう。

そのいい例として、ある40代の男性読者の話をしましょう。

彼はもう何年も妻とのセックスレスが続いていたのだけれど、いつのまにか会話もあまりなくなり、心まで離れているのを感じて危機感を覚えていました。そんな時に拙著（『なぜ性の真実「セクシャルパワー」は封印され続けるのか』）を読んで「射精にこだわらなくてもいいんだ」と知って、「ものすごく気がラクになった」と言います。

そこで、いきなりセックスを再開することは期待せずに、まずは妻と同じ布団で添い寝をするようにしたところ、再び妻としっくりいくようになったそうです。

そう、実際の行為までしなくても、たとえば裸で寄り添って眠るだけでもいいのです。これまで射精というゴールにこだわるあまり、そこにいたる手前のあらゆるスキンシップまで遠ざけてしまうことが、夫婦のつながりを寂しいものにしていたことがわかるでしょう。

逆に言えば、たとえ挿入を伴うセックスそのものはしなくても、軽いキスやハグ、胸やお尻へのタッチ、マッサージや手をつないで歩くことなど、それぞれのやり方で親密なスキンシップがある夫婦なら、エネルギー交流はできているから大丈夫だといえます。それで二人がともに性的に満足できているのなら、セックスしないとおかしいのでは？　などと心配する必要はないでしょう。

セックスレスが問題になるのは、どちらかが本当はしたくて欲求を持て余しているのに、相手がそれに応じられないという場合。それでも二人の間に愛情や信頼関係が残っているなら、「セックスの方法とイメージ」を根本から塗り替えることで、いつも断っていた側の心理的抵抗が消えて、やり直すことができるのです。

一方で、私にこんなふうに言われなくても、もともと射精にこだわらない男たちもいます。その時々の自分の体調を見て、「今日はイカなくてもいいや」とやめることができるのだけれど、すると逆に相手の女性のほうが、男性と同じような「射精までしないと不完全」という思考回路に染まっていて、納得できない場合があるのです。

しかも、「彼がイケなかったのは、私の体が気持ちよくなかったのかな」とか、「前はイケたのに、あの時より愛情が冷めたのかな」というように、自己評価を下げて傷つく方向に考えてしまうのが困ったところ。これは、メディアがこしらえた「射精ファンタジー」が、女性の心をも縛っていることを意味しています。

ただ、ここまで「射精をしないメリット」についてお話ししてきたけれど、これは決して「射精してはいけない」という意味ではないので、誤解しないでください。

まぐ合いの中で起こる射精は、男性にとって自然な生理現象でもあるのだから。というのは、「ほこ」が深く挿入された状態で、女性の「ほと」や「えな」がオーガズムに特有の収縮運動を始めると、「ほこ」の先端に自ら吸いついて、絞り取るような動きをします。これは、精液を効果的に子宮内に取り込もうとする、女体の本能的な働きなのです。

こうなると、男性の体は、押しとどめようのない力に引っ張られて、自然に射精せずにはいられなくなるはず。いわゆる「一緒にイケた」というのは、作為的にタイミングを計らなくても、こうした流れで実現できたりするのです。その時、男性も女性もともに、深いところから一つに溶け合えたような「一体感」を味わえるでしょう。もし、避妊をしない状態で、こういうまぐ合いを重ねることができたら、妊娠できる確率は高いと思います。

これに対して、「AV型セックス」では何がまずいのかというと、男性のマスターベーションのペースに合わせたやり方であるため、女性の体が右のような状態になる天然のプロセスを待たずに、「ほこ」を素早く激しく抜き差しする「ピストン運動」による摩擦刺激だけの力で射精に持っていこうとするところ。それだから女性に「置いてけぼり」とか「私の体を使ってマスターベーションをされてるみたい」という印象を与えてしまうというわけ。事実、この「素早いピストン運動による摩擦」は、男性が自分の手でマスターベーションをする時の動かし方と同じものだと言えます。

さらに、女性の「ほと」が十分に潤わず、まだゆるんでいない場合には、その動かし方こそが痛みの元となるのは、130ページでもお話ししたとおりです。

✴飽きやすい「AV型セックス」の快感はドーパミン志向

一つ断っておくと、私は「AV型セックス」のすべてを否定しているわけではありません。こういうゴールをめざすようなやり方でも、女性の体がすみやかに熱くなれて、すぐに「ほと」がゆるんで潤い豊かになれた場合には、快感や幸せを味わうことはできるから。

それでもこのやり方が問題になるのは、「飽きやすい」というところ。二人の関係が新鮮で、燃え上がっているうちはいいのだけれど、落ち着いた関係になってくると、頻度が減ってセックスレスぎみになるカップルが多いことが、それを物語っています。

たとえば、ある女性は、もともとセックスが好きで積極的なほうなのに、なぜかいつも恋愛するたびに、つき合って1年ほど経つと急にセックスをしたくなくなって、レス・カップルになってしまうと嘆いていました。それは、彼女自身に問題があるというよりも、やはり世間の一般的セックスのやり方とイメージに原因があるのです。

現代の常識的なセックスといえる「AV型セックス」の特徴をひと言でいうと、「**男性性**に**偏った、直線的な性質**」だということ。それは、射精というゴールをめざして、最短で効率よく事を進めようとする意図でつくられていて、時間の使い方も、体の動かし方も直線的なのです。そこで得られる快感の種類は、どちらかというとゴールインの達成感でとくに高まりやすい「ドーパミン志向」に偏っていると言えます。

もっとも、122ページでもお話ししたように、セクシャルな高揚感の裏にはドーパミンがつきもので、それがエネルギー代謝を高めて体を温めてくれる働きをするうえに、自己肯定感を高めて生きる意欲にもつながるので、もし女性の体と心に痛みが起こらなければ、それはそれで心地よい体験にもなると思います。

ただ、ドーパミンと心の関係性からいうと、このホルモンは目新しい何かを感じた時の「新鮮な喜び」によって分泌されやすいという特徴があります。だから、恋愛初期の、結ばれた感激が大きな時には、快感も強くなりやすいけれど、お互いに慣れた関係になると、その種の快感は起こりにくくなるでしょう。だから、つまらなくなるのです。

一気にゴールをめざすような、直線的な時間の使い方になるのにはわけがあります。AVで描かれる男性のイメージといえば、だいたい精力絶倫で、硬く雄々しくそそり立つ、「ほこ」の力強さを誇っています。そんな硬度満点の〝コチコチ〟の状態を維持できずに、途中で萎《な》えてしまうことは、男性にとっての誇りが失われるという怖れがつきまといます。だから、多くの男性が、硬い勃起を維持できているうちに、確実にゴールへ行こうと先を急いでしまうのです。

でもそれでは、女性特有の、ゆっくりジワジワと外側から内側へと温まってゆく「水のペース」に置いてけぼりを食わせてしまう。だから世の中では、不完全燃焼のセックスしか体験したことがなく、自分の本当の快感能力を知らずにいる女性が少なくないのです。

男性的な「火のペース」で一気にゴールをめざす「AV型セックス」のプロセスは、神経にとっては「緊張と興奮が持続する時間」とも言えます。だけど本当は男も女も、セクシャルな感覚は、神経がリラックスしているときこそ、よく開くようにできているのです。だから、まずは心と体がリラックスできないと、男性は「ほこ」が勃起できないし、女性は「ほと」がゆるまない。

ところがいったんセックスの行為が始まると、これは【第3の封印解除】でもお話ししたことだけれど、とくに男性は「射精というゴールを失敗なく達成する」というノルマ意識のために、セックス中の神経は、仕事やスポーツ中に近い「緊張モード」を残している人が多いのです。また、たしかに射精をするためには、神経を緊張モードにする必要があるので、なおさらリラックスできなくなるわけです。

実のところ、「射精しないセックス」が存在することを知らされた時に、「ラクになる」と感じる男たちとは逆に、「いやいや、それがないとセックスした気がしないでしょ」と反論する男たちも少なくないのだけれど、そう思うのは当然のことだと理解できます。なぜなら、行為の最中に十分にリラックスできない男性は、射精で生命力を放出することによって、やっと「心地よい疲労感」もしくは「虚脱感」とともにリラックスすることが叶うから。さらに、ゴールを達成できた「ドーパミン的快感」や、放尿と同じ種類の「放出に伴う快感」も味わえるからです。

けれども、この「緊張と興奮から一気に放出へ」というAVから刷り込まれたセックス作法が、パートナーとの関係が深まり、家族的な愛情に変わってくると、「イヤらしい気分になれないから」使えなくなる人が増えていることは、これまでお話ししたとおり。

さて、続いてAV型セックスでつくられた「イメージの歪み」の話をすると、最近は、自然に考えれば性欲が盛んなはずの男子大学生の中に、AVを観てセックスが嫌いになり、「あんなことは絶対やりたくない」と言いきる人がめずらしくなくなっていると聞きます。同じように、もっと上の世代でも、心優しく想像力が発達した男性の中には、「AVは嫌い、女の人がかわいそうで見ていられない」と言う人も時々います。

もともと男性のマスターベーション用につくられたAVの商業的な特性として、とにかく必要以上に神経を刺激し、興奮をかき立てるために、男性が女性を征服し、辱《はずかし》めるという暴力的なイメージが塗り込められているものが大半です。だから、恋しい彼女を獲得した「オス的高揚感」があるうちはできたけれど、もっと心を許した、家族的な関係になると、できなくなってしまうのです。

なぜ、多くのAVが、必要以上に暴力的になってしまうのか？

それは、パートナーとのセックスには存在する、次の二つのものが欠けた状態で射精へ導いていくために、刺激を上乗せしなければならないからだといえます。

◎生身の女性から伝わる、電子エネルギーの補給がないこと。
◎最も快感をかき立ててくれる「愛情」というエネルギーがないこと。

だから私は、自愛行為のおかずに、AVは使わないほうがいいと思うのです。

最近では男性だけでなく、女性でもネット上のAVをおかずにして自愛する人が増えてきました。すると、中にはパートナーとのセックスでは興奮できないから、その最中に頭の中で暴力的なＡＶのイメージを思い浮かべて気持ちをかき立てるのだ、という声もチラホラ聞こえてきます。これでは本当に、お互いに相手の体がマスターベーションの道具のようになってしまいます。

ただ、一般のＡＶとは趣旨が違った、等身大の感情の絡み合いや、体の触れ合いによる癒しを描いたような一部の作品は、エンタテインメントとして楽しめばいいと思います。けれども、いざ自愛の時には、映像から離れてみてほしいのです。

自分の中から、実在・架空のどちらでもいいから、「好きな相手」のイメージを汲み上げて、「愛情と一体感」を味わいながら行ってこそ、いいまぐ合いの予行演習になるというもの。これはとくに、もともと視覚から入る刺激に頼りやすい男性にとっては、自分の中の女性性から生まれる「感じる力」を磨く、いい訓練になります。

ではいったい、ＡＶ型セックスとは対照的に、慣れた関係になっても飽きずに長続きする「親愛型セックス」があるとすれば、どんなものなのでしょう?

そこで、通称《至福のまぐ愛メソッド》として、私が提案している方法について紹介しましょう。

✴長続きする「親愛型セックス」の快感はオキシトシン志向

昔から「肌がなじむ」という言葉があるように、本来はつき合いが深まり、気心がよく通じ合う関係になってからのほうが、いいまぐ合いが味わえるはずなのです。

これはホルモンの働きからも説明できることで、心と体の触れ合いによって湧いてくる幸福ホルモンのオキシトシンは、脳の「記憶中枢」に働きかける、つまり快感の原因になった相手に対する「愛着」を湧き起こさせる性質を持っているからです。

にもかかわらず、それができなくなっていたのは、AV型セックスのやり方では、オキシトシン効果が十分に引き出されにくいからだと言えます。では、具体的に何を変えたらいいのか、というツボをお伝えしていきましょう。

その一、射精をゴールと定めるのをやめる。

「それをやったら終わり」というゴールを、あえて決めないこと。射精はその時の体調や気持ちに応じて、してもしなくても、どちらでもいいのです。

じゃあ、いったい何をセックスの目的としたらいいの？　と途方に暮れる人もいるかもしれません。そこは、人間のまぐ合いにとって最も大切な「お互いに十分な気の交流をすること」を目的とすればいいでしょう。

その二、ゴールをめざして直線的に進むのではなく、気の交流を中心に「じんわり広がるプロセス」を味わう。

「気」というと抽象的に聞こえるかもしれませんが、この言葉は東洋医学では、万物の間を流れている生命エネルギーのことを指しています。私たちの体も、生まれつき持っている「先天の気」と、呼吸や飲食を通して外から取り入れる「後天の気」とを混ぜ合わせることによって、さまざまな生命活動が成り立っているのです。

要は、その人が生きている証拠として、全身から放射している体熱や、生体電流から生まれる電磁波、呼吸から生まれる息遣い、その人らしさを醸し出している独特の空気感（これは俗に「オーラ」とも呼ばれます）などを引っくるめて、お互いの命を感じ合い、触れ合い続けることで、それらすべてを融け合わせるプロセスこそが、まぐ合いの意義なのだと体感してほしいのです。

こうすると、今まではゴールを意識して神経の緊張が抜けなかった男性でも、徐々に全身の緊張がほどけて、脱力できるようになります。全身がリラックスするほどに、緊張が抜けなかった時よりも大きな快感が生まれるのがわかるでしょう。

だからこそ、相手に対してまだカッコつけているような恋愛初期よりも、みっともないところも見せられる、相手に対して油断できる関係――それこそ「家族的な関係」になってからのほうが、幸せ度の高いまぐ合いができると言えるのです。

その三、女性の体のペースに合わせて時間を調節する。

「AV型セックス」では、火の性質が強い男性の体のペースで時間が決まるため、水の性質が強い女性の体にとっては、時間が短すぎました。そうはいっても、火が燃え立っている時の男性は、どうしても早く動きたくなるのは仕方がないのだけれど、そこは「自分の中の水」であるの女性性を使って火加減を調節し、女性の体が熱くなってくるのに合わせて動くようにしてみるのです。

そうして触れ合いの時間が長くなるほどに、より多くのオキシトシンが湧いてきやすくなるため、やがて大量につくられたオキシトシンが、深いオーガズムを生み出すことになるのです。

そうはいっても、女性のペースに合わせた時間というものが、どのくらいだと短すぎて、どの程度なら十分なのかという、具体的な目安が必要だと思います。

まず、今の世の中の実態がどんなものかを見てみましょう。

「男性が挿入から射精までにかける時間の平均値」を調査した各国の統計によると、欧米5カ国の平均が5分24秒（クィーンズランド大学調査）。それに対して日本では約7分だといいます。よかった、ウチは普通だ――と安心した人も多いかもしれません。そう、これが世間一般の普通となって久しいのだけれど、それはあくまで男性基準のモノサシだったのです。

では、女性にとって本当に満足できる、新しい目安をご提案しましょう。

まぐ合いを男女の気の交流だと考えた時に、「ほと」と「ほこ」が深く結ばれた挿入の時間は、二人の気が一つの輪となって循環するため、最も効果的に自分の気を相手に伝えられる大切な時間だと言えます。

実は、その気の流れる速度は決まっていて、全身に14本あるとされている経絡《けいらく》（気の通り道）のすべてをひとめぐりするのに、およそ29分ほどかかる計算になるのだといいます。すると、挿入時間を最低30分間保つことができれば、男女がお互いに全身の気を循環させ合えたことになるので、十分な満足感が得られることになります（中医師・鍼灸師の瀬尾港二氏の説による）。

いかに現代人の一般的なセックスの時間が、命の本来の働きからみて短く縮められ過ぎているかがわかるでしょう。

✴動きを止めた時に深まる「ほと」と「ほこ」の対話

とはいえ「30分」と聞いて、「そんなに長く続けるなんてムリだ！」と感じる人は、男女ともに少なくないと思います。そう感じるのは、AV型セックスを代表するイメージとして染みついてきた「激しいピストン運動」を30分間も続けるのかと思ってしまうから。それこそ本当に、腰を動かす男性は「疲れる」だろうし、受ける女性は「身がもたない」だろうと。

だから今、発想の転換が必要なのです。今やセックスの代名詞となっているかのようなピストン運動だけれど、もともとこれは、いざ射精に向かうという局面になって初めて使うような短距離走的な動きとも言えて、本来のまぐ合いの中では、あくまでもプロセスの一部にすぎません。

これまでお話ししてきたように、性が抑圧される以前の太古の祖先にとって、まぐ合いの目的は、子づくりより先に、全身全霊の気の交流によって、お互いが日常の意識を超えたトランス状態にいたることが重要だったはずです。それには少なくとも30分以上かかるということは、性急に射精を促すピストン運動とは違う時間の過ごし方が当たり前だったと考えられます。たとえば、動かずに「ただじっと止まっている」ことで、かえってお互いの気がよくなじみ合うことがあります。

実は私は自分の初体験の時に、相手の男の子が挿入後、ただちにピストン運動を始めたのを奇異に感じて、思わず「ちょっと待って！」と声をあげ、少しの間止まってもらったことを覚えています。その間に、「ほと」の細胞が相手の「ほこ」の皮膚にゆっくりなじみ始め、しっくり包むように受け入れる準備が整っていきます。このワンクッションで、ようやくその後の運動を受けとめられるようになりました。

もっともこれ以降は、それが現代のセックスの常識なのだと理解して、止まらないやり方にも適応していったのだけれど、実はこの「いったん止まる」ことが、世の中に蔓延《まんえん》する「セックスに伴う女性の苦痛」をやわらげる決め手となることに後々気がつきました。

女性の「ほと」がまだ十分にゆるみきらず、膣液の分泌による潤いが足りない場合、挿入も、その後の摩擦運動も、痛みを伴うものとなります。そんな時にも、苦痛に耐えてやり過ごしてきた辛抱強い女性たちは、これからはひと言、「**まだ進まないで。ちょっと止まって**」と相手に伝えてみてください。

たとえばそれが挿入の途中であったとしても、半ばで止まってじっとしていてもらうか、少し後戻りして、優しく愛撫してから入り直してもらうといい。すると、まるで「ほと」と「ほこ」の細胞同士が対話して折り合いをつけるかのように、さっきまで閉じぎみだった「ほとの門」がおもしろいように開かれて、「ここまで来てもいいわよ」とＯＫサインを出すのです。

大切なのは、その手綱を握っているのは、女性だということ。女性の側が、自分の体の状態を正直に伝えることが、幸せなまぐ合いには欠かせないのです。

おそらく太古の祖先のまぐ合いでは、「**動きを止めた状態で気を交流させる**」のが大切なプロセスだったことを裏づけるような、生きた証拠があります。

2000年代に「ポリネシアン・セックス」といって、ポリネシア地域の先住民たちが古くから伝承してきた、現代人の目からは風変わりに見えるセックス作法が注目を浴びたことがあります。それは、1回の性行為を、5日間かけてじっくり行う作法です。

初めの4日間は互いの性器に触れもせず、キスや愛撫だけの期間を過ごし、5日目にようやく挿入を伴う性交に移るのだけれど、この時も、挿入にいたる前の愛撫にたっぷり1時間かけます。そうしてついに挿入した後は、抱き合った姿勢で腰をほとんど動かさず静止したまま、30分ほどの時を過ごすというのが、とてもユニークなこととして紹介されたのです。

けれども、本当は彼らのやり方のほうが、人体への深い理解に基づいて、男女がお互いに性エネルギーをうまく引き出せるように設計されているといえます。それはきっと、ポリネシア人と同じように、自然と調和する平和な精神文明を築いていた日本の縄文人とも共通するところがあったに違いありません。

ただし、現代人がこれを文字どおりに実行しようとすると、うまくいかない部分があります。挿入後に30分間もじっとしていようとすると、途中で「ほこ」が萎えて（しぼんで）、「ほと」

から抜け落ちることが起こりがち。もともと勃起というのは、「ほこ」に大量の血液が流れ込むことによって起こるため、動きが静かになって血液が引いてしまうと、「ほこ」はやわらかくなるのが自然の流れ。もちろん、いったんやわらかくなっても、愛撫などの刺激を受ければよみがえるので、ガッカリする必要はないのだけれど、何度も中断するのはわずらわしいと思うことでしょう。

勃起の持続しやすさは、個人の体質差もありますし、その時々の体調や、さらには年齢によっても変わってきます。ポリネシアン・セックスでは、おそらく、「ほこ」が抜け落ちるのを防ぐ意図もあってか、横向きに抱き合って、足と腰を深く絡め合わせる体位を推奨していますが、《至福のまぐ愛メソッド》では、「じっと止まること」にも縛られずに、もっと自由にその30分間を過ごせるようにお伝えしています。ピストン運動より穏やかな腰の動きや、「ほと」が優しく締まる動きなどの刺激があれば、「ほこ」の血流もキープできます。

実は、ポリネシアの先住民にかぎらず、精神文明の先祖たちにとっては、まぐ合いの時に腰を大きく動かさず、穏やかに気を通わせるやり方が当たり前で、愛用されていたと考えられる証拠が他にもあります。それは、インドの寺院でよく見られる「歓喜天」と呼ばれる男女交合の仏像や、東南アジア、マヤ地域、ヨーロッパなど世界各地で発掘されてきた、まぐ合いの像が、どれも皆、ある共通のポーズを取っていることからわかるのです。そのポーズとは、男女が上体をタテに起こして向き合った姿勢で、男性の太腿に女性がまたがる「対面座位」のこと。

この体位を取ると、ピストン運動はできなくなり、その代わりに二人とも両手が自由になるため、お互いが十分に触れ合い、愛撫し合うには最適なポーズだと言えます。

✴『古事記』に示されていた、自然な腰の使い方

「AV型セックス」が、男性性に偏った直線的な性質だったのとは対照的に、「親愛型セックス」（至福のまぐ愛）は、女性性をたっぷり取り入れた、曲線的な性質でできています。それは具体的にどういうことなのでしょうか。

ひと言でいうと、「体の動かし方」と「時間の使い方」の両方を、これまでのような「直線」から「曲線」へと切り替えたらいいということです。

①体の動かし方を曲線にする

女性の体を開いて訪問するのには、必要な礼儀があります。

性急な挿入の後、ただちにピストン運動をするのが、なぜ女性の体にとってNGなのでしょうか。それは、ゆっくり時間をかけた最後にようやく準備が整う「奥の院」である子宮口を、いきなり突こうとする行為だからです。それをするのは、もっと後からでいいのです。

それなら、どう動けばいいのでしょうか？

より適切なのは、腰の動かし方を、直線ではなく曲線にする——つまり、回せばいいのです。円を描くような動きというと、横方向も縦方向もあります。男性が柔軟に動けない場合は、女性が積極的に動いてあげるといいですし、大げさに丸を描こうとしなくても、軽く揺さぶるような動きでもかまいません。いずれにしても、真っすぐ深く直進ではなく、角度がつくことに意味があるのです。

なぜ回すのがいいのかといえば、そうすると「ほと」の浅いところを刺激するから。「ほと」の内部は、Gスポットを含めて、浅いところにこそ神経が集中しているということは、130ページでお話ししたとおりです。

そして、どうやら太古の祖先のまぐ合いは、回す動きが主体だったのではないかという手がかりを、私は『古事記』の中に発見しました。

『古事記』には、有名な「国生み神話」の章があるのをご存じでしょうか。天上から地上へと降り立った、イザナギノミコト・イザナミノミコトという名の夫婦神が、まぐ合いによって日本の島々を生み出したというお話なのだけれど、お互いに自分の体の「成り足らざるところ」と「成り余りたるところ」、つまり女性器と男性器とを一つに合わせようというセリフが登場し、神々がリアルな性交を表現している点で、世界に誇れる珍しい神話だといえます。

さて、実はこの有名な場面に入る直前に、別の場面が出てきます。それは、イザナギ・イザナミ両神が天上から、まだ陸地がなく海だけの地球を見下ろすという場面。そこでお二方は、天から「天の沼矛《あめのぬぼこ》」という巨大な矛《ほこ》を海に差し降ろして、海をぐるぐるかき混ぜます。そして、ぬぼこの先から垂れたしずくが、おのころ島――地上で最初の島となり、そこへ降り立って、先ほどのまぐ合いを行ったのでした。

さて、この一連の描写が実は、まぐ合いの巧みな比喩になっていることにお気づきでしょうか。ぬぼこは、文字どおり「ほこ」と読み取れるし、海は古くから女性のシンボルとされてきたばかりか、「ほと」のたとえとして使われる場合もあります。垂れたしずくは精液のことで、それによっておのころ島という子供が生まれたという意味なのではないでしょうか。

さらに、ここで注目したいのは、「ほこ」が女性器そのものである海を、ぐるぐるかき混ぜたということ――つまり、神々も「回していた」ということではないかしら。

きっと昔の人のほうが、私たちの体にとって本当に喜ばしい扱い方を、よく心得ていたことは間違いありません。

✴ 時間と動きを「直線」から「曲線」に変える

②時間の使い方を曲線にする

AV型セックスは、射精というゴール（終着点）を目ざして、一気に直線的に進む短距離走的なプロセスです。男性の思考の中でそれは、たとえば「はいスタート、キスをして、ここを触って、そこを触って、はい挿入して、間もなくゴール」というような、あたかも一連の流れ図のようなプログラムになりがちだったのではないでしょうか。

だから、かなり多くの女性が、パートナーとのセックスに対して、「またその手順なの……？」と、内心ワンパターンに感じているという不満をよく聞きます。といってもこれは、いつもと目先の違ったことをすればいいという意味ではありません。頭で決められたシナリオをなぞる代わりに、**きちんと相手の変化を感じ取りながら、シナリオのない臨機応変の時間の中にハマっていくのがいい**のです。

そのために、まずは、射精というゴールを予定表からはずします。

そして、お互いの感覚が波のように高まって、とくに男性が「このまま進むと射精に向かいそうだ」という強い流れを感じた時に、いったん動きを止めて、その波を静めるのです。この時、男性は会陰の筋肉に気合をこめて、「ほこ」の根元にある熱いエネルギーを、背骨を通して頭まで上昇させるように意識すると、うまくいきます。

波が引いて勢いが弱まった時に、ガッカリする必要はありません。くつろぎの中で素直な言葉を交わし、再び動き始めてキスや愛撫を楽しんでいるうちに、また次の波が訪れます。そこでも射精に向かわずに動きを止めると、再びくつろぎの小休止が味わえます。そしてまた動き始めれば、やがてその次の波がくる――という具合に、まぐ合いのプロセス全体が、山と谷の繰り返しのように、緩急のリズムで織りなす曲線的な時間となるのです。

男性が一度このやり方のコツをつかんでしまえば、30分はあっという間に過ごせてしまいます。それどころか、特別体力が強くない人でも、それこそ何時間でも延々と続けることができるようになります。じゃあいったい、いつ終わりにすればいいの？　という疑問が湧くことでしょう。それは、お互いの「気がすんだ時」――ということになるのです。

女性が十分に満足できていることを前提として、30分の目安が過ぎていれば、お互いの「あうんの呼吸」で終わりを決めていいのです。二人が子供を望んでいる場合や、そうでなくとも男性がそうしたい時には、「シメに射精」をして終えればいいでしょう（ちなみに、先ほど紹介したポリネシアン・セックスでも、30分間の静止の後で、前後のピストン運動に移って射精を行うプロセスもあるといいます）。

ところが、男性が全身の脱力がうまくなり、下半身の性エネルギーを全身に広げて、頭まで上昇させることができるようになると、それだけでオーガズムを感じられて、射精をせずに満足するということが起こってきます。

こうなると、あとは「自由自在」です。射精なしで満足した時は、精力を温存したまま終わらせることができますし、今日は放出したいと思えば、そうするもよしという具合に、自分で選べるようになるのです。

✴「房中術」が伝える「三峰」とは？

まぐ合いで十分に気を交流させたうえで、それを射精せずに体内に収めることができるようになると、男性は精力が増して、年齢以上の体力や外見の若々しさが備わるようになります。まさに「若返り効果」があるのです。

江戸時代に書かれた貝原益軒の健康指導書『養生訓《ようじょうくん》』でも、男性が40代になったら「接して漏らさず」——つまり、まぐ合いをしても射精はしないようにと勧めています。昔の人は、そうした選択肢を持っていたことがうかがえます。

この作者が参考にしていたのが、中国に伝え残されていた「房中術《ぼうちゅうじゅつ》」（房中とは夫婦の寝室の意味）の文献でした。中国の伝統医学では、紀元前後の漢の時代までは、「男女が陰陽の気を交流させることで、お互いの気のバランスを中庸《ちゅうよう》に整えて健康になる」という医術が、「房中術」として普及していたといいます。その中でも、やはり射精をしない健康法が勧められていたのですが、中国でも唐から宋の時代にかけて、性的なことは下品だと抑圧する儒教が優勢になったことから、房中術はいかがわしいものとして弾圧され、多くの房中術書が焼き払われたため、その知識は一部の人々の間だけで細々と伝わることとなったのです。

ただし、出さないでおくことにメリットがあるといっても、「本当は出したいのにガマンし続ける」必要はありません。実は、東洋医学の研究家の中には、昔の人より栄養状態が豊かになった現代人が、あまり精を溜めすぎると、かえって前立腺炎のリスクが高まるのでよろしくないと警告する人もいます（参照：『仙道双修の秘法』張明彦著、太玄社）。

この点では実際に、射精なしで大満足するコツをマスターした、ある男性読者の方も、数カ月に一回は「今日はなぜか射精したほうがよさそうだ」と感じる日があり、その感覚に従っていると言います。きっと鋭敏になった体が、本能的なバランス感覚で、健康に悪影響がないよう自己調節してくれているのでしょう。

その房中術書に「三峰《さんぽう》」という表現があります。「気」は私たちの全身に満ちているのだけれど、その量がとくに集中している場所、たとえれば山の峰のようにうずたかく積もっている場所が3カ所あるという意味です。だから愛撫の時には、とくにその3カ所に触れることで、より多くの気を通わせ合うことができるというわけ。

では、その魅惑的な場所とはどこなのか調べてみると、出てきた答えがこちらの三つ。

◎口唇（口内と唇）　◎乳首　◎性器

——何だ、誰でも知ってる当たり前のことじゃないか、と思ったかもしれません。私も最初はやや拍子抜けしたのだけれど、そこで気がついたのが、「峰」という言葉にこめられた意味。たしかに、乳房全体をわしづかみにされるのではなく、乳首の先端だけを軽くつままれることで強く性感が走ることからもわかるように、私たちの敏感な部分は、峰の頂《いただき》である先端がいちばん鋭く感じやすくできています。それは、一つの道しるべとなります。

そしてもう一つ。その感じやすい先端を、いきなりピンポイントで攻めるのも悪くはないのだけれど、どうせなら裾野《すその》から徐々に昇っていくように頂へ近づいていくと、その高まりはよりスムーズで、大きな波をつくり出すということにも当てはまります。

頂だけを最短距離でつないでいこうとするのは、直線的なエネルギーの使い方です。それに対して、裾野から丸くらせんを描くように頂に近づく進み方は、寄り道のプロセスを楽しむ、曲線的なエネルギーの使い方となるというわけ。

✳男性の体に秘められた未開発の性感帯

おそらく多くの男性にとって、未開発の可能性が高い「特別な性感帯」が二つあります。

そこを開発することは、男性にとっては、長い間封印されてきた女性性を開く意味がある、「男の中の、女の子の部分」なのです。それはどこかといえば、「乳首」と「会陰」。ここは、「女にとっての、男の子の部分」である「さね（クリトリス）」と、ちょうど合わせ鏡のように対応しています。

世間ではよく、「男性の体に乳首があるのは、どうしてなのか？　オッパイも出やしないし、何の役にも立たないのに、ムダじゃないか」と言われます。でも実は、似たようなことを女性のクリトリスも言われてきたのです。それは、妊娠や出産の役には立たない、ムダな器官であると。せめて存在意義があるとすれば、ただ快感のためだけにある。だから、性に対する抑圧がひときわ厳しいイスラム系社会の一部では、古くから女性のこの器官を切除するという暴力的な風習が、今にいたるまで続いているのです。

母親の胎内で私たちが両性具有の体だった時、「ほこ」になるかもしれなかった男の子のタネは、女性の体で「さね」となり、「ほと」や「乳房」になるかもしれなかった女の子のタネは、男性の体で「会陰の内側の前立腺」と「平らな乳首」として残されたのです。

思うに、「何の役にも立たない」と見なされてきた異性の痕跡器官は、「快感のためにある」のに違いありません。そのために、必要がないから消えるということもなく、形として残されたのです。まったく、自然の造形にはムダがありません。


そういうわけで、男性のこの二つの性感帯に触れることをお勧めしたいのだけれど、その時に一つ問題になることがあります。

実は「彼の乳首を触ってみたら、くすぐったいって言われちゃった」と言う女性は少なくありません。「女がこれだけ感じるんだから、男の人も感じるのかな?」と、好奇心から手を伸ばしてみても、実際に乳首をいじられた時に、多くの男性は「くすぐったい」か「何だかヘンな感じがする」といった反応で、すぐに喜べる人のほうが少ないのです。

それは、子供の頃の「くすぐりっこ」をして遊んだ時のことを思い出すと理解しやすいでしょう。相手のくすぐり攻撃が「くるぞ、くるぞ」と予想して身構えるほど、よけいにくすぐったさが増したことを。これに対して、眠たくてぐったり身を横たえている時などは、どんなに巧みに急所をくすぐられても、なぜかくすぐったさは感じられず平然としていられるものです。

そう、体が緊張していると、やさしくなでられる行為は「くすぐったい」のです。つまり、乳首の愛撫がくすぐったい男性は、筋肉の緊張が抜けていないのだということ。逆に言うと、くすぐったいと感じるところは、リラックスすると、快感に変わる。だから、気功やヨガなど、体の力を抜く訓練を受けてきた男性の場合は、初めから気持ちよさを感じやすいと言えるでしょう。

✳「のどを開くこと」がエクスタシーの鍵

このように、男も女も、異性の痕跡といえる器官が重要な性感帯となることは、とても象徴的です。というのは、実は私たちにとって、**自分の中の異性の部分が、性の感覚を開く鍵となっている**と私は思うからです。

たとえば、女性の中から湧いてくる強い性欲は、わずかに出ている男性ホルモンの働きによるところが大きいこと。また、「ほと」より素早く熱くなる「さね」という男の子のタネが、性感の門を開いて、スムーズな挿入の準備をしてくれます。

そこで、男性が射精なしで全身のオーガズムにいたるためには、女性性を開いて脱力し、女の子のタネである「乳首」や「会陰」の快感にも身を委ねることが、道を開いてくれるのです。

時間が曲線的に進む親密なまぐ合いの中では、男女とも「反対の性の力」を使うと効果的です。固定的な役割意識に縛られず、時折、女が能動的に攻めること、男が受動的に身を委ねて感じることが、次の波を生み出す力となります。そんな時、「強い男が非力な女を征服する」

といった古典的なイメージはジャマでしかありません。

そこで、男性にもう一つイメージを崩してほしい点があります。

それは、感じたら「声を出す」ということ。多くの男性は、そんなことは女みたいで恥ずかしいと思っていて、素直に声をあげられる男性は少数派でしょう。

それでも私がこれをお勧めするのには、深いわけがあります。

41ページのチャクラの図でわかるように、私たちの性エネルギーは、生殖器付近から出発して、体の中心軸をタテに貫いて上昇することで、脳まで届くようになっています。下半身で生まれた性エネルギーが、脳に達することによって、私たちの意識は覚醒し、精神文明の人々がそうであったように、自然な形で日常を超えた感覚を体験できるようになるのです。

ところが、これまで長い歴史をかけて刷り込まれてきた、性を下品なものと貶めるさまざまな抑圧が、そのスムーズな上昇を妨げてきたのです。声を出すことが「恥ずかしい、はしたない」というイメージもまた、男性だけでなく女性にとっても、自由な飛翔を妨げてきた足枷《あしかせ》の一つ。相手に心を開いて身を委ねることで、せっかくハートの位置まで昇ってきた性エネルギーが、こみ上げる声を押し殺すことで止まってしまうのです。

そこで「のどを開いて」、魂が歌う歓びの声を開放することで、性エネルギーは狭い首《ネック》を突き抜けて、脳へとジャンプしやすくなります。

その時、脳内ではさまざまなホルモンなどの化学物質があふれるように生み出されて、深遠なオーガズム体験へと導かれていきます。それが私たちにとって、心と体の薬となるのです。

✴「妊活セックスレス」はなぜ起きる？

ここで、【第4の封印】ケース・フユ子さんの話をもう一度ふりかえってみましょう。

今の時代は、夫婦の6組に1組は妊活中——つまり、自然に任せていてもなかなか妊娠しないので、不妊治療もしくは何らかの人為的努力を行っている——といわれます。そんな中で、前にもお話ししたように、「妊活中なのにセックスレス」「妊活を始めてから夫がEDになった」という嘆きの言葉も、よく聞かれるようになりました。

EDの原因として考えられるのは、糖尿病や脳の疾患、ケガなどによる機能障害を別とすれば、大半が心理的なものだそうです。たしかに、159ページでお話ししたように、男性は自律神経がリラックスモードにならないと、勃起できません。だから、何か心配事があったりして、神経が緊張モードになっている時には勃《た》たないというのは、多くの人が経験していることでしょう。

これに対して、妊活中の夫婦がまず指導されるタイミング療法では、妻の排卵日に合わせて性交と射精をすることを求められます。また、「精液の精子濃度が薄まらないように」と、それ以前の最低3日間は射精をしないといった、禁欲期間も必要とされます。つまり、「いざ、その日に確実に命中させる」というミッションが課されるわけで、夫婦はお互いに体調を整え、スケジュールを段取りして準備するわけです。それなのに、その日に何らかの事情でミッションが実行できなければ、妻の失望と落胆は大きく、時にはヒステリックに感情が噴出することもあるでしょう。

これでは、セックスをする時の心理状態は、失敗のないようノルマを遂行する「お仕事モード」と同じになります。つまり、セックスに対して緊張モードの神経で臨むようになった結果、勃起できなくなるのだと考えられます。

もちろんこれは当事者にとっては笑い事ではない、切実な問題なのだけれど、私はこの状況を俯瞰《ふかん》してみた時に、ふと気づいたのです。

夫の妊活EDを嘆く妻たちが増えている今の事態は、まるで、女性が子供を産む道具としての役割を期待されてきたことの裏返し、逆バージョンのように見えます。夫たちは、精子提供者としての役割を期待され、それによって自分の価値が計られるかのような状況で、意欲が萎えてしまうのではないでしょうか。女性以上に「自己承認欲求」が強い男性にとって、これは精神的にキツイと言うほかありません。

これはあくまでも私の場合なのだけれど、私がかつて子供を授かりたくて、基礎体温を測るようになった時、自分の排卵日を把握していても、夫にはそれを伝えませんでした（その逆に、避妊をしたい時には伝えていましたが）。なぜなら、排卵日と関係なく、いつでも夫に私を求めてもらいたかったから。もし天の後押しがあれば、ズバリその日に当たるだろうと信じていたのです。その結果、本当にめぐり合わせが良く、授かることができました。

おそらく、男性も同じなのだと思います。排卵日に関係なく、彼自身を愛して、信頼して身を任せてほしいのです。もしかしたら、妊活EDになった男性の潜在意識は、妻にこう問いかけているのではないでしょうか。――たとえ精子を提供できなくても、僕自身の価値をあなたは認めているのかと。

もちろん世の中には、排卵日だけに狙いを定めてうまく授かる例もあるけれど、私の知るかぎりでは、それを男性が積極的に主導する場合なら成功しやすいという傾向があります。そうでなく、女性のほうが妊娠に対して熱意が強く、夫を引っ張る場合には、右のような理由で迷走しやすいのかもしれません。

だから私は、妊活がうまくいかずに悩む女性には、こうお伝えしています。

その一、「授かっても、授からなくても、どっちでもいい」と、いったん望みを手放して。

その二、「それよりも、あなたと一緒にいられることが幸せ」と伝えて、夫と二人の生活の

幸せを満喫すること。

その三、射精や排卵にこだわらず、ただ「動物の親子がじゃれ合うように」、無邪気にイチャイチャするスキンシップを楽しむこと。

ただ「命中確率を上げる」という発想で排卵日だけに的を絞るやり方は、実を結びにくいのではないかと私は考えています。〝ムダ撃ち〟になることなど気にせず、さまざまなタイミングで、心と体の素直な欲求に従ってまぐ合いを重ねる中で、実りは訪れるのだと感じます。

それと合わせて、たとえ回数は少なくても「授かりやすい体づくり」のために、「生殖器の健康度を上げること」をお勧めします。

たとえば、膣マッサージなどで、「ほと」の潤いを高めておくと、快感を感じやすくなるのはもちろん、性交中にたっぷり分泌された膣液が、精子を子宮内に取り込みやすくなるといいます。

そして、女性の健康管理の基本として、骨盤周りが冷えないように、温かい状態を保っておくことが、子宮と卵巣を健やかにするのです。

次の章では、これまで学校の保健体育の授業では教えられることがなかった、生殖にまつわる女性の体の仕組みの、素晴らしい可能性について詳しくお話ししたいと思います。

✴ホルモンで読み解く「産後セックスレス」の意外な原因と乗り越え方

夫婦がセックスレスになった「きっかけ」として、最も多いのが「出産」だという点では、昔も今も変わりません。なにしろ、子供が生まれる前と後とでは、生活事情がガラリと変わってしまうから。とはいえ、家庭の中で時間的にも、空間的にも、子供が占める部分が新たに加わるので、それなりの制約が生まれるのは仕方のないこと。とくに出産直後は、まずは傷んだ母体の修復が優先であることや、数時間ごとに訪れる新生児からのオッパイコールで昼も夜もめまぐるしく過ぎていくので、性生活がしばらくお休みになるのは自然なことでもあります。

物理的にどうしようもない「性の休業期間」が、そのまま習慣になってズルズル長引くのか、それとも妻の体が回復ししだい、すみやかに性生活を再開できるのか、ここで夫婦は二手に分かれるでしょう。

子供が生まれてからの妻が、セックスをしたがらなくなる原因は、単に「育児で疲れているから」だけではありません。そこには、本人も自覚していない、二つのホルモンの作用が大きく影響していることが考えられるのです。

その一つは、乳汁（オッパイ）を作り出す働きをするホルモン「**プロラクチン**」。このホルモンが分泌されると、性欲が抑えられる作用があります。これは、授乳期間中の母親が、子供を放り出して異性との交流へ走らないようにするためと、お産で伸びきった、「ほと」や子宮の筋肉が元どおりに回復するまで保護するための、「体の戦略」だと言えます。

ちなみに私の場合は、体が回復したらすぐに性生活を再開、子育てをしながらも夫とはずっと男女であり続けました。でも、実は臨月頃まで夫とまぐ合いながら「子供が生まれても、ずっとあなたとこうしたい」と自ら望むほどだったにもかかわらず、出産後しばらくは本当に「夫の体はもう要らない」と、手のひらを返したように拒否する思いが湧いていました。これが哺乳動物としての自然な作用なのだと知っていれば、夫たちも傷つかずにすむことでしょう。

そしてもう一つ見逃せない影響を与えているのが、オッパイを乳首から噴き出させるために分泌されるオキシトシンの作用。このホルモンには、これまでお話ししてきたように、まったりした幸福感や、相手に対する信頼感や愛情を感じさせる精神作用があります。それがお産中の陣痛の時にも、授乳中にも湧いてくる仕組みになっているので、たとえ赤ん坊に接したことがなく、わが子を可愛いと思えるかどうか不安だった女性でも、自然に愛着が湧いてくる仕組みになっているというわけ。つくづく、私たちの体は、愛さずにはいられないようにできているのです。

そして、オキシトシンといえば、まぐ合いの時にも湧いてきて、オーガズムを引き起こすほどの快感ホルモンです。つまり、赤ん坊にオッパイを与えている時の女性は、快いプチ・オーガズムの状態になれるのだと言えます。そこには、母と子の甘い蜜月のような空間ができ上がります。すると、夫はその中に入ることができずに、仲間はずれのようになりやすいのです。

そこでもし、妊娠前の夫との性生活が、妻にとってあまり気持ちのいいものではなかったとしたら、「子供のほうが、ずっといいわ」と、夫から子供へ愛情を注ぐ対象が移動するようなことになります。実際に、こうした三角関係が、子供が大きくなるにつれて、「密接な母と子の同盟」対「距離がある父」という構図に発展している家庭が、日本では少なくありません。それが、セックスレス夫婦の割合の高さと重なっているのは、いうまでもありません。

ここでそうはならずに、親子愛と夫婦愛がうまく両立する鍵の一つは、出産によって、妻だけでなく夫も「オキシトシンたっぷり状態」になること。

「わが子が愛しい！　それを産んでくれた妻が愛しい！」と、強い父性愛がこんこんと湧き出した状態になると、母と子の蜜月空間から夫が閉め出されることにはなりません。そうなるためには、夫ができるだけ積極的にお産のプロセスに関わり、子育てにも小まめに参加することが大切です。

さらに嬉しいお知らせが一つ。男性のオキシトシン量が増えると、貞操観念が強くなる、つまり浮気をしにくくなることが、動物実験で確かめられていて、実際に父性愛でいっぱいになった男性読者の方が、妻への愛しさが増し、他の女性への欲求が消えたと証言しています。

そしてもう一つ、子育て中でも恋愛関係が続いている夫婦には、大きな共通点があります。それは、お互いが相手に対して「感謝の思い」を持っていて、それを日頃からよく伝え合っているということ。

感謝がなぜ恋愛関係につながるのか不思議に思うかもしれませんが、感謝の念が湧いている時にも、快感ホルモン・ドーパミンが分泌されるという話を思い出してください（120ページ参照）。ドーパミンは、ワクワクするようなときめきや、まぐ合いの時の、身も心も熱くなる高揚感ともつながっています。つまり、妻や夫に対していつも感謝の気持ちを忘れないということは、相手を「特別な異性」と思う「ときめきの心」が持続するということなのです。

子育てが始まったばかりの頃は、妻のほうは「夫が思ったほど家事も育児も手伝ってくれない」と思ったり、夫のほうは「妻が子供のことばかりにかまけて、僕のことをかまってくれない」と思ったり、お互いが不満を溜めやすい時期でもあります。

ずっと不満を抱えていると、ついつい相手に対する「感謝」の気持ちを忘れてしまいがち。そこから、相手を「特別な異性」と見られなくなり、いつしか「子育てのために必要な同居人」と格下げして見るようになっていくのではないでしょうか。

また、自分の役割に対してまじめに取り組む性質が強い日本人だからこそ、ハマりやすい落とし穴があります。子供の両親として、責任感を持って子育てをしなければと思うあまりに、子供の「パパ」「ママ」である役割に自分たちを固定し、男女としての時間を持つことを後回しにする、そんな夫婦は少なくありません。

だけど、役割が一つずつの関係は、状況変化に対してもろいもの。夫婦の関係は、複数の役割を、くるくる行き来するぐらいの幅があったほうが長続きするでしょう。夫婦が親友でもあり、きょうだいでもあり、親子のようでもあり、娼婦と客にもなり、という具合にね。

だから、ぜひ子育て真っ盛りの二人には、子供の親であることにも縛られず、自分たちが子供になって、無邪気にじゃれ合い、睦み合う時間を持ってほしいと思います。それが、子育てや仕事の疲れをも吹き飛ばしてくれることになるのですから。

✴昔の人は性をどう伝えていたのか？

最後に、プロローグで触れた「性の肝心なところを教育する場」とは何だったのか？ ということについても、簡単に説明しておきましょう。

今の日本で、性交そのものについて学校の授業では教えない規定になっているのは、ある意味で歴史の必然かもしれません。というのは、古くから人間の社会では、学問を教える学校とは別に、性交の作法について、きちんと伝えるための仕組みが存在していたからです。それは、人間の性行為というものが、単なる動物的本能だけでは終わらない、互いの体と心を適切に取り扱うための知恵と経験が必要な、人間ならではの技術だということを意味しています。

性が卑しいものとされる以前の精神文明の社会では、性と神事は結びつけて考えられていたので、必然的に聖職者が性教育者を兼ねていたことがありました。

例えば、私が知る中で最も性教育の制度が充実していたマヤ文明の社会では、それは神殿で神官たちが教え授けるものでした。ある地域では、少年少女たちは7歳の時から、命と性に関する年齢相応の知識をゆっくり教わりながら成長し、結婚適齢期を迎える頃になると、青年たちは教育の仕上げとして、女性の性教育神官から性交の仕方を実体験を通して学んだのです。

このように、昔の社会では、専門の教育役との性体験を経ることが、「もういつでも結婚できる大人になった」ことを認められるための通過儀礼《イニシエーション》になっていたのだと言えます。

西洋でも、まだ多神教だった時代には、女神を祀る神殿で、巫女が女神の代行者として参拝客と交わる「神殿娼婦」という風習がありました。一部の地域ではさらに、巫女ではない一般女性が、年頃になると神殿に巫女奉公に上がり、初体験を経てから郷里に戻って結婚するという制度がありました。おそらく青年たちも、年頃になると神殿娼婦から性の手ほどきを受けていたのでしょう。

でもこうした制度はみな、それらの国々が男性的宗教に支配される時代になると、すべて廃止されたわけです。

さて、日本ではどうだったのかと言えば、世の中が男性社会になった後も、儒教的な厳しい性道徳が普及していなかった庶民の間では、地域ごとの独自のルールのもとに男性が女性の寝室に忍びに行く「夜這い」という風習が、江戸時代まで（一部地域では昭和の戦前頃まで）続いていました。これが性教育にも利用されていたようで、例えば娘が年頃になると、親が信頼できる年長者に「娘を女にしてやってほしい」と夜這いを依頼したという話や、童貞の若者が未亡人の家に夜這いをかけることが、初体験指導になっていたという話が残っています。

明治維新の後、夜這いは〝ふしだら〟な行為として政府から禁じられ、徐々に姿を消していきました。その代わりに昭和の初めごろまでは、若者が嫁探しをする前に、当時は公共施設だった遊郭《ゆうかく》に出向いて女の体を知り、「一人前の男にしてもらう」という考え方が当たり前にあったのです。

戦後はその遊郭も「売春防止法」によって廃止されたため、それ以後、性をどう体験するかは、個人の自由に任される時代となりました。これまでの教育役が不在となった空白の中に、いたずらに劣情を刺激する写真や動画などのポルノ情報が、無責任に注ぎ込まれていったというわけです。

やはり性という、人の命の本質に関わることを教えるには、人から人へ直接、心をこめて伝えることが本当は必要です。といっても、今の時代に昔の社会のような、実地で教える仕組みを復活したほうがいいというわけではありません。

そうした仕組みが生きていた社会では、人々は今とは違う感覚を共有していました。同じ村や町の人々が家族的な一体感で結ばれていて、人と人との距離感が今より近かったからこそ、それが成り立っていたとも言えるのです。

今の時代は、当時よりはるかにプライバシー意識が発達していて、人同士の距離の取り方も繊細になりました。エネルギーが深く混じり合う性体験だからこそ、パートナー関係になる人としかしたくないと感じる男女もたくさんいますし、一方で、そこまで深く考えず、相性がいい人と肌を合わせる体験を楽しみたいと思う男女も少なくありません。

どちらの体験を選ぶのも、今は自由です。だからこそ、その自由には責任が伴うことも、年長者は若者に伝える必要があります。性行為に伴う責任というと、一般には「望まない妊娠」と「性感染症」ということで、行為そのものについては教えない学校でも、その点は教えることになっています。

私がここで付け加えたいのは、そうした病院のお世話になること以外の面での責任です。例えば、相性の悪い人との性行為を重ねて体調が悪くなるとか、愛情と欲望を見間違えて、後から心に痛手を負うというように、相手に体を明け渡して、エネルギーを通い合わせる行為だからこそ、それが体や心に及ぼす力《パワー》は、良くも悪くも小さくない、ということを心得ておいてほしいのです。

そうした真実を踏まえたうえで、これからの時代の性教育は、子供と信頼関係を持てる大人が、「性について自分の言葉で誠実に伝える場を持つ」ことから始めるといいでしょう。その子にふさわしいタイミングに合わせて、最も身近にいる保護者がそれをできれば理想的だけれど、もし親子の間では照れが入ってやりづらいという場合は、親自身が納得できた、良質な絵入りの教本を子供に読ませるようにするのもお勧めです。

また、保護者以外にも、例えば私塾の先生や、保健室の先生、親戚やご近所のおばさん・お姉さんなど、子供からプライベートな話を打ち明けてもらえる立場にいる年長者が、性についても率直に教える機会を作れるようになっていくことを期待しています。

まとめ

これまでの男性性優位のエネルギーで形作られたセックスは、《奪い取る性》という性質を持っていたのだと言えます。

というのは、まずは男性が、自分に足りていない「自然界の電子エネルギー（マイナスイオン）＝陰の気」を女性から「奪いたい」衝動が出発点となったこと。それを受けて、本来は自然界から十分な電子エネルギーを吸収できるはずの女性も、自分には「目に見える力＝陽の気」が足りないから、男性からもらおうと依存的に欲しがるようになっていきました。

つまり、男女それぞれが自分に足りない「気」を、相手から奪おうとするような関係性になりやすかったのです。

これからめざしたいのは、それとは逆方向の意識の使い方。自分の中にある豊かなエネルギーを、相手と分かち合う思いでするといい。もともと「少陽多陰」の体質である女性は「陰の気」を男性に贈り、「少陰多陽」の体質である男性は「陽の気」を女性に贈る。そうすれば、どちらが上でも下でもない、満たし合いになります。

それは、お互いの命を《いつくしむ性》なのだと言えます。

詩とエッセイ：美しき性を歌う5

さえずりが
止まらない
放たれた
わたし自身の音色
聞き惚れている

私たちの熱く重い性エネルギーが、
熱せられて、とろかされて、あたかも立ち昇る湯気のように、
体のより高いほうへと上昇してゆくと、
まごころを解き放つ胸の扉が開かれるばかりか、

まことの声を発する、のどの皮膜も取り去られるのです。

ひたむきに求め合い、互いの精を差し出し合った二人が、
いつ終わるとも知れぬ果てなき時間にたゆたうような境地に入る、
そんな営みのさなかに発せられる声は、時に信じられないほど
甲高く透き通った響きを奏でます。
まるで繁殖期に鳴き交わす鳥たちのさえずりのように。

それは、演技でも出せるような穏当なあえぎ声などではなく
自分でもかつて耳にしたことがないような音色が
自分ののどから発せられる驚き。
ただ体の奥から湧いてくる自然界の音の美しさに
胸うたれるほかなくなるのです。

それはきっと魂の発する「真実の声」なのでしょう。

私たちが普段使っている言葉は、

真実と一致しているものばかりではありません。

たいていは思春期に、
「こんな私はイヤ」「こんな私ではいけない」と、
たくさんの檻《おり》を作って自分を閉じ込める過程を踏むものだから。
それが世間に合わせて大人になることだと信じ込んで。

「真実を伝えたら相手を傷つける」という怖れが私たちの社会にはつきものです。

それを嫌うからこそ、私たちは真実を語ることに慎重に、もしくは臆病になっています。

けれども性の営みのさなかでは、怖れのない真実の声が相手との関係を癒すのです。

そうした体験を経ると、真実を語ることへの怖れは消えてゆきます。

私たちは、性の感覚を通じて、大人として成熟するようにできているのかもしれません。

詩とエッセイ：美しき性を歌う6

あなたも
果実
身をとろかし見せる
男も
啼《な》くと

この前に紹介したのは、愛の営みのさなかに放たれる、女性の高らかなさえずりの声を描いた歌。

その時の声が、魂の真実を語るための「のどを開く」のだとお伝えしました。

それは女性にとってばかりではなく、男性にとっても言えること。

けれどきっと大半の男性は、女性よりも営みの声を素直に発することを遮《さえぎ》るブロックが厚いことでしょう。
普段、感情から発する言葉を使い慣れている女性に対して、男性ののどは、理路整然とした思考から生まれる言葉のほうに慣れているから。

「感じたままを発すること」に、多くの男性はためらいを持っています。
〝男が声など出すべきではない。それは女性に出させるものだ〟と伝統的な男女の役割意識も刷り込まれていることでしょう。

けれど、女性の体を操作しようとする意識がはずれて、ただ愛しい相手と一つに融合する歓びに没入できた男性は、なす術《すべ》もなく、啼くことができるのです。
それは、幸福な降伏です。

「女性に身を任せる」感覚を知った男性は強くなります。

女性の前で「自分がリードして事を運ばなければ」と緊張していた時の怖れが消えるのですから。

きっと性の営みは、人が持つさまざまな怖れを溶かし去るための通過儀礼（イニシエーション）ともなっているのでしょう。

《第5の封印解除》

月経と出産が女にとって「快感」になり得る

かつて支配者たちが、性から生まれる歓びを「下品で、罪深いこと」と人々に信じ込ませるにあたって、次のことが芋づる式に必要となりました。

まず、自然界から生命エネルギーを直接受け取って、男性に伝えることができる、〝女性〟という存在を、「男を性の誘惑に引きずり込む、愚かで力弱き者」として、男性の格下に置くこと。それに伴って、女性にあって男性にはない二つの現象――「月経」（生理）と「出産」についても、否定的《ネガティヴ》な捉え方が押しかぶせられてしまったのです。

その影響で、法律的には「男女同権」となって、古くさいジェンダー（性別役割）意識がだいぶ解消されてきた今の日本でもなお、この二つは多くの女性にとって「苦痛」や「負担」として体験されている部分が大きいのです。

第5の封印ケース：ツキ子さんの困り事（既婚）

「夫が『そろそろ子供ほしいね』と言うのですけど、なかなかできません。私は若い頃に生理痛がひどくて痛み止めを飲んでいたこともあるし、生理不順なほうなので、それもよくないのかな？　と思ったりします。でも、できれば不妊治療に頼らずに、自然に授かりたいです。

今の職場は人間関係に恵まれていて、居心地がいいので、当分は今の仕事を続けたいと思ってるんですけど、『妊娠したら、やめようかな』とも思います。ただ、生活費が減るのが心配なので、それでいいのか迷っています。

実は、思春期の頃に母から、出産が大変だったことや、会陰切開の傷跡が痛かった話を聞いたことがあって、『私は母を傷つけて生まれてきたんだな』って申し訳なく思ったりしていました。もしかしたら、出産がつらそうっていう思いが心の中にあって、どこかで逃げているのかもしれません。こんな私でも母親になれるのかって不安もあります」

今の時代は、ツキ子さんのように、自分の子を「孕《はら》み、産み落とす」という本能的な生殖能力に、自信が持てない女性が増えているのかもしれません。

そうなってしまう原因は、セックスレスの場合と同じく、精神面と肉体面の両方の要素が重なり合っています。

①女性が月経や出産を「誇り」でなく「恥」だと、「喜び」でなく「苦痛」だと感じるよう、さまざまな手段で教育されてきたこと。

②苦痛を和《やわ》らげる具体的な体の知恵が、伝承されていないこと。

①は古代の終わり頃から続いてきた問題で、②は社会の物質文明化が進むにつれて起こって

きて、とくに20世紀頃からひどくなった、現代的な問題。今、多くの女性たちの心と体がそういう状態にあることが、妊活がうまくいきにくいという悩みにもつながっているのかもしれません。

さて、①の古代の終わりに始まった「教育」の柱になっていたのが、宗教的な色づけが施された、こちらの封印です。

第5の封印「女性は業が深いために、月経で汚《けが》れた血を流し、出産で苦痛を味わう」

これがあったために、世の中では、女性が月経を積極的に「誇り」と思い、出産を「気持ちいいもの」と感じられるような情報が、あまりに少ない時代が続いてきました。

だからこの章では、不快で面倒だった月経が「嬉しく誇らしいもの」になり、苦痛で大変だった出産が「快感を味わえるもの」へと逆転するような情報をお伝えしたいと思います。

それこそが、女性が本当の意味で尊重されていた精神文明の時代には、自然な感覚だったと考えられるから。

まずは、月経という現象が、女性の体に対して何を引き起こしているのかという、本質的な意味からお話ししましょう。

✴女は月経周期で全身がリズムを刻む

私たちが保健の授業で月経とは何かを教わった時、それは「排卵しても妊娠しなかった場合に、厚くなった子宮内膜が剝《は》がれ落ちて、血液と一緒に膣から排出されること」というように、「生殖器だけの出来事」として説明されたと思います。

でも実は、月経は女性にとって〝下半身だけ〟の問題ではなく、全身が変化する出来事なのです。その変化は、「月経」と「排卵」がおよそ2週間ずつの間隔をあけて交互に訪れる「月経周期」に合わせて、リズムを刻むように繰り返されます。

93ページでお話ししたように、成熟した卵子ちゃんが卵巣の壁を突き破って飛び出す「排卵」というパワフルなイベントを中心にして、その前後で女性は、**①体温が変わり、②体質も変わり、③骨格まで変わる**のです。

①の体温の変動について。これは妊活中か、その反対に薬（ピル）を使わずに避妊をする女性にとっては欠かせない心得だけれど、寝起きに測る「基礎体温」は、月経直後から排卵日まで続く「低温期」と、排卵終了後から月経開始まで続く「高温期」とが、およそ0・5度の温度差で順番にやって来るようになっています。そして月経中は、高温期から低温期への、ゆる

やかな橋渡しをする移行期間となります。

②の体質が変わるというのは、女性の月経周期を生み出す原因となっている、卵巣から放たれる二種類の女性ホルモン――「**エストロゲン（卵胞ホルモン）**」と「**プロゲステロン（黄体ホルモン）**」の分泌量のバランスが変化することを意味しています。

低温期は、体内のエストロゲンの量が、プロゲステロンより多くなっているというしるし（これを「エストロゲン優位」と呼びます）。

この期間は、卵巣の中では卵子が成熟していき、子宮の中では内膜が厚みを増していく。その間、エストロゲンの力は全身に及んで、女性の体と心にさまざまな恵みをもたらしてくれます。まず、肌や髪が潤ってツヤを増し、骨が丈夫になる。また、頭の働きも活発になるし、食欲もほどほどに抑えられて、内臓脂肪が消費されやすい体調になっています。

ひと言でいうと、これは女性の体の「活動モード期」。生物的な事情からみれば、もうすぐ起きる排卵に備えて、いい受精の相手をつかまえられるよう、〝狩猟能力〟が高まっているのだと言えそう。

続いて、排卵の後に訪れる高温期は、体内のプロゲステロンの量が、エストロゲンより多くなっているしるし（これを「プロゲステロン優位」といいます）。プロゲステロンは妊娠の準備と維持をするホルモンで、今回排卵された卵子が受精した場合に備えて、子宮内膜をふかふかのじゅうたんのように育て、受精卵がしっかり内膜の表面に着床できるようベッドメイクをしておく役目をします。

これは、排卵後に妊娠した人も、しなかった人も、同じくそうなります。ただ、妊娠しなかった人は、次の月経の後にまた低温期が始まるけれど、妊娠した人は月経と排卵が止まるので、つまり出産が終わるまでずっと高温期が続くというわけ。

その間、女性の体は、どちらかというと「休息モード期」に入ります。エストロゲン優位の時よりも、水分や体脂肪を溜め込みやすい体調となり、無理がききにくくなるのです。

女たちが10代の頃から、こうした自分の体の「仕様《しよう》」を知っていれば、「そんなに食べてないのに太った！」と誤解したり、「こんな時にボーッとしちゃって、私はダメだなぁ」などと必要以上に自分を責めたりするストレスが減ることでしょう。


いわゆる「月経前症候群（PMS）」と呼ばれる、体調や気分の動揺は、この時期にホルモンバランスが、排卵前とは逆転することから起こるもの。つまり女性は毎月、その「ホルモン逆転の波」を経験しているというわけ。だから、多少の不調はその波を乗りこなすための、一種の「調整作用」だと受けとめて、自分にやさしく接してあげるといいのです。

月経が始まると、妊娠準備役だったプロゲステロンの量が減り始め、エストロゲンも含めて両方の女性ホルモンが少ない〝静かな期間〟となります。そして、あたかも体が次の春の準備をするかのように、体温はゆるやかに低温期へと移行していくのです。

では、③の骨格の変化とは何のことかというと、骨盤、肩甲骨、頭蓋骨の後頭部という三カ所の接合部分が、月経周期に合わせて、ゆっくりわずかずつ開いたり閉じたりを繰り返しているのだそうです。

排卵の時に、この三つはいちばん閉じています。頭、上半身、下半身が揃ってキュッと締まるピークになるというわけ。だから、排卵期には、お尻の形が〝自分比〟で最も持ち上がっているのがわかると言う人もいます。

排卵が終わると、これがゆるみ始めて徐々に開いていき、いちばん開いた時に月経が始まるという仕組みなのです。月経痛というのは、この骨盤がスムーズに開きにくい時にも起こりやすいのだといいます。同じように、肩甲骨が開きにくければ肩こりに、頭蓋骨が開きにくければ頭痛へとつながるのです。

ということは、女性の骨盤は、妊娠していない時も、毎月「出産の準備運動」をしているようなもの。これは、いざお産となったら、直径10センチメートルもの赤ん坊の頭がくぐり抜けるのに備えて、最大限に開くことができるよう、無理なく開閉できる可動性をキープしているのだと考えられます。つまり女性は、この骨盤の開閉運動が十分に行える状態だと、月経や出産がラクになるのだと言えます。

✴月経によるデトックス作用と、新月・満月との深い関係

妊娠していない時の子宮のサイズは、ニワトリの卵くらいに小さくて、その中に入れられる液体の容量は10～50ccほどだそう。ところが、これに対して1回の月経で排出される平均的な経血量は50～140ccで、子宮の容量を完全に超えています。この食い違いから予想できることとして、おそらく月経というのは、子宮の中にあるものだけが排出されているわけではなく、全身の要らないものが、経血を通して排泄されているのではないかと言われています。つまり女性は、日々の暮らしの中で溜まっていく体内毒素を捨てられるルートを、汗と大小便のほかにもう一つ、男性より余分に持っているということになります。

すると、世界中どの地域でも、女性の平均寿命が男性より長いのは、女性の体が定期的に排毒（デトックス）できる仕組みになっていることも助けになっているのかもしれません。たしかに、女性には子孫を産むという役割があるために、男性より最低10カ月、プラス授乳して子供が一人歩きできるまでの1年間は長生きしないといけない必要があって、生命力を強めに持たされているのだと言えそうです。

体温や骨格が波のように変動する月経のリズムは、月の満ち欠けと密接な関係があるのをご

存じでしょうか？

月の引力は、地球上のあらゆるものに影響を与えながらも、特に「水」との関わりが深いもの。大きなスケールでは、海の潮の満ち引きが、月の引力で海水が引っ張られることによって起きるということは、学校でも教わります。同じように、体重の7割が水分でできている人間の体も、月の引力の影響を受けることが知られています。たとえば、満月の日には出血が多くなるから外科手術には向かないけれども、新月の日には出血が最小限で済むので手術に適している、というように。

太古の精神文明の人々は、女性の月経が月の満ち欠けと連動していることに気づいていました。その証拠は、世界各地に残っています。

縄文時代の土偶には、月と女性を結びつける模様が、定番のように数多く使われていました。また、およそ2万5000年前のフランスの旧石器文明の遺跡に彫られていた「ローセルのヴィーナス」と呼ばれる謎めいた女性のレリーフ像は、右手に細長い月を持ち（角《つの》ともいわれる）、左手で自分の生殖器を指し示しているように見えます。その月には13本の線が刻まれていて、これは1年に13回の満ち欠けが起こること、そして女性の月経も同じであることを物語っているかのようです。

実際、夜が現代のように人工照明であかあかと照らされることのない本当の暗闇で、月と星と炎が頼りだった時代には、天体と人体のリズムは正しく連動していたのだと考えられます。

なぜなら、かつてマヤ文明が栄えていた時代には、村中の女たちが、満月の頃にいっせいに月経を迎えていたという伝承が残っているから。

また、これとは反対の例もあります。実は、「ローセルのヴィーナス」が手にしている月は、丸くありません。細長い形をしている月は、新月を意味しているとも読み解けるため、こちらの文明では、女たちは新月の頃に月経を迎えていたということかもしれません（参照：『性なる快楽』リーアン・アイスラー著、法政大学出版局）。

現代の女たちは、生活リズムが人によりバラバラで、天体のリズムも意識していないせいか、月経周期は人によりさまざまで、新月・満月とも必ずしも一致していません。とはいえ、日常の中で月齢を意識し始めて、月光浴を楽しむなど月と親しむようになると、自然に月経が満月や新月に一致するようになってきたという声をよく聞きます。私自身もそうでした。主に新月の頃に始まることが多いけれども、時々ズレ始めて満月の頃になる時期もある、といった具合に。

ローセルのヴィーナス

では、月経が満月に寄りやすい人、新月に寄りやすい人に分かれるのは、何か意味があるのでしょうか？　ホルモンを自動調節してタイミングを選んでいる「体の意思」から考えてみると、その答えが見えてきます。

私の知るかぎりでは、今の日本では「満月月経」に寄る女性のほうが多いのだけれど、これは卵巣の都合から言うと「新月排卵」になることを意味しています。農業の世界では、新月に種まきをするとよく育つことが知られています。それを考えると、新月の排卵は、まさしく命の「種まき」である受精にふさわしいタイミングを、体が選んでいるのだと言えそうです。

それにもう一つ、満月は出血量が多くなることから、なるべく排毒（デトックス）量を増やしたい時に、こちらを選んでいるということも考えられます。

一方、「新月月経」の場合は「満月排卵」となることを意味しています。

これは、満月という生命力が高まる時期に「産卵」をするということ。満月の夜に海辺に集まって産卵する海亀などと同じように、高揚したエネルギーの中で卵を産み放つのです。

また、新月の日は、前日までの月のエネルギーがリセットされて、新たに始まる節目であることから、子宮の中身や体内毒素をリセットする月経にふさわしいとも言えます。

こうしてみると、満月と新月では、体験の質こそ違うけれども、どちらのタイミングの月経でも理にかなっていると言えそうです。

✴月経と出産を「不浄のもの」としたネガティヴ・コントロール

世の中で男尊女卑の考え方が主流だった長い間、月経は【不浄のもの】と見なされる時代が続いていました。たとえば「〝女は血が出るから汚い〟って母ちゃんが言ってた」という若者のセリフが、明治・大正期に書かれた小説に出てきたのを覚えています。ここには、男性側からそう扱われるというだけでなく、女たちも自らそのように、自分の性を卑下《ひげ》する考え方に染まっていたことが見て取れます。

世界各地で人々にそのように教え始めたのは、古代に編まれた宗教の教義書でした。命がけで愛を実践したイエス・キリスト本来の教えとは無関係に、その没後何世紀も経たキリスト教の聖書でも、またイスラム教、ヒンドゥー教の教えでも、女性の月経を「血の穢《けが》れ」なのだと懲罰的な意味をかぶせるようになったのです。その期間の女性は不浄の存在として、宗教施設に立ち入り禁止であるのはもちろん、ほかの家族から隔離されて、家とは別の「月小屋《つきごや》」で生活するよう決められていました。

日本では少し遅れて、中国から仏教や儒教思想と合わせて輸入する形で、平安時代に初めてその考え方が律令《りつりょう》（法律）の中に登場します。8～9世紀にかけて、当時の朝廷が定めた「血《けっ》穢《え》（月経による穢れ）」「産穢《さんえ》（出産による穢れ）」の二つの規定は、武士の時代に移り変わっても引き継がれ、江戸時代が終わるまで生き続けていました。

そのあおりで、明治維新の時に法的には廃止された後も、風習としては「月小屋」「産屋《うぶや》」（兼用されている場合もある）は全国的に残り続け、中には戦後の1960年代まで引きずっていた地域もあったようです（参照：『女性と穢れの歴史』成清弘和著、塙書房）。

なぜ、子供が生まれる、おめでたい出産まで穢れとするのか？　と不思議に思うかもしれないけれど、出産もまた、現場では血が排出されるし、最後には赤みを帯びた胎盤も産み落とされます。そう、その共通点は、「その場所に血がこぼれる」ということなのです。

なぜ、男性社会は、月経中の女性を「穢れている」と差別し、徹底的に閉め出したのか？　おそらくそれは、精神的な理由だけによるものではありません。法律や宗教で定められた「女性は男性より格下」だとする思想的な問題だけではなく、現実的な「都合」が大きく影響しているに違いないと私は思っています。その裏事情とは、「血の始末をどうしていたのか？」ということです。

経血が出るたびに生理用ナプキンが受け止めてくれるのが当たり前になったのは、20世紀になってからのこと。吸収力にすぐれた「紙綿」素材の使い捨てナプキンが、世界で初めてアメリカで発売されたのは1921年、日本ではその40年後の61年に「アンネナプキン」の名で売り出されたのが最初でした。なんと、まだわずか半世紀前のことなのです。

では、それ以前の女性はどうしていたのかというと、丁字帯《ていじたい》という、もっこふんどし形の下着をはいたうえで、股の部分に経血を吸わせる素材を当てていました。明治以降は脱脂綿が一般的になったけれど、脱脂綿が普及する以前は綿布や紙を折りたたんで当てる時代が長く続き、それらが普及するはるか以前の縄文・弥生の頃は、麻や葛などの植物の繊維を使っていたといいます（参照：『生理用品の社会史』田中ひかる著、ミネルヴァ書房）。

そんな頼りない生理用品で、なぜ女性が、月経のある何十年もの歳月を平気で過ごせたのかと不思議に思うだろうけれど、そこには現代にはない三つの事情があったからだと考えられます。

〈その①〉生涯の月経回数が少なかったから。

現代女性が初経から閉経までに経験する月経回数は、子供の数を1人とすると、妊娠から授乳中の月経がないお休み期間を2年と計算して、およそ450回。

それに対して戦前の女性は、今より初経年齢が2年ほど遅かったうえに、一生に5人前後の子供を産んでいたので、閉経前にも10年は月経がないお休み期間があったと考えられます。そのため、生涯の月経回数は150回くらいと、現代の3分の1で済んでいました。

さらにさかのぼって一生に7～8人の子供を産んでいた時代には、月経回数はおよそ50回で、なんと現代とは10倍近い差があったのです（参照：『40歳からの女性ホルモンの高め方』対馬ルリ子監修、PHP研究所）。

〈その②〉昔の日本女性は、現代より骨盤底筋が鍛えられる生活をしていたため、すべての経血を漏らすわけではなく、ある程度溜めて、大小便と一緒にトイレで排泄することもできていたから（参照：『昔の女性はできていた』三砂ちづる著、宝島社）。

骨盤底筋というのは、骨盤内の臓器を支える筋肉群で、尿道口、肛門、女性はこれに膣口《ちつこう》を加えた、二つもしくは三つの出入り口を締めたり緩《ゆる》めたりするのに使われます。

〈その③〉通常の生活の持ち場から離れて、月小屋で過ごすことができたために、経血が漏れそうになったら、いつでもトイレに行くことができたから。

つまり、月小屋で普段どおりの家事や家業の労働から離れて過ごすことで、「粗相」（おもらし）を気にせず、経血処理をすることができたのではないかということ。

この意味で月小屋というシステムは、何も男性社会が女性差別のためにわざわざ設置したものではなく、もともと自然発生的にあった習慣に、後から「穢れているから、隔離するのだ」という濡《ぬ》れ衣《ぎぬ》を着せたものではないかと私は考えています。

というのは、女性の霊力を尊重する文化を持つネイティヴ・アメリカンの社会でも、古来、月経中の女性たちが集まって過ごす「ムーン・ロッジ（月小屋）」が営まれていたからです。彼らの住まいは、円すい形をしたティピというテントがおなじみですが、ムーン・ロッジは、そのてっぺんに赤い旗が掲げられていたことから、「レッド・テント」とも呼ばれています。

そこには、まだ幼さの残る思春期の生娘《きむすめ》から、ろうたけた年増女《としま》まで、幅広い世代の地域の女たちが集う「コミュニティ」が育まれていたことでしょう。そして、そこでは年増女から生娘たちへ、女としての体の扱い方や男とのつき合い方など、生々しい知恵を伝授する機会がたっぷりあったに違いありません。

さらにこれは、「産屋」についても言えること。なぜなら、『古事記』の中には、海の神の娘であるトヨタマビメノミコト（豊玉毘売命）が、「産屋」を設けて、その中で出産するという場面が登場するのだから。後で詳しくお話しするけれども、お産の行為に集中するために、女性の本能は「産むための場」を求めるのです。だからこちらも、もともと自然発生的にあったものに、「穢れ」という別の意味をかぶせた可能性が高いと言えます。

そこで「産穢」の規定も注意深く読んでみると、表向きは不浄に対する制裁の形を取っているようだけれども、実質的には周産婦（産前産後期の女性）に対する身体ケアとして合理的にできていることに気づきます。

たとえば、「産屋は35日間忌むこと」という規定。産後の女性は、35日間は産屋でじっとしていなさいということだけれど、これは体の回復のために必要なことだと言えます。整体の世界でも、骨盤の健全な回復のためには、産後3週間は腰をあまり動かさず体を休めておくことが大切だと言います。昔から「床上げは産後3週間経ってから」というのは、理にかなっているのです。とくに昔の家事は、現代よりも重労働だったのだから、決まりで縛られて堂々と体を休めることができたのは、産婦にとって助けになったことでしょう。

それから目立つのが、神社への参拝を禁止する規定。産後ばかりでなく、産前の妊婦に対しても、神社によって時期は違うけれども、だいたい妊娠後4〜7カ月目以降は参拝してはならないとされています。

これもその理由を考えてみると、そもそも神社の参拝には、急な石段の昇り降りがつきものということに思い当たります。階段の昇り降りといえば、臨月の妊婦がお産を促すのにいい運動として知られているほどで、胎児が子宮から降りてきやすくなります。つまりこれは、参拝中に産気づいてその場で産んでしまったり、ただでさえ足どりが不安定な妊婦が石段で転びでもして流産したりという事態にならないよう、予防しているのではないでしょうか。

また、「出産後30日間」は神社への参拝は「禁忌《きんき》（タブー）」とされているけれども、産後1カ月といえば、ちょうどその頃まで「悪露《おろ》」という子宮からの出血が続くのだから、神域を血で汚すことを避ける目的ではないかと考えられます。それに現代でも、病院や助産院へわが子を連れて「1カ月検診」に出かけるというのが、普通の生活に戻る節目の外出となるわけで、つまり、女性の体の回復のリズムにも、ちゃんと沿っているといえるのです。

✴太古の女性は月経中でも儀式に参加できたと考えられるワケ

ともあれ、月経中や出産前後の女性が男性から閉め出される風習は、家庭より先に、神祭りの儀式の場から始まりました。

男性が女子供を所有する「父権制《ふけん》」が定着する前の時代、男女が対等に家庭を営む「双方《そうほう》制」の社会では、多くの男性より先に「見えない気配」を感じ取りやすい、女性の「巫女《みこ》性」が尊重されていました。そのため自然と、女性が祭り事の主を務める場合が多かったのです。

このあり方は、今の日本でも、精神文明の風習が引き継がれている、沖縄地方や北海道のアイヌ系の人々の神祭りの中に息づいています。

そんなふうに女性が神官を務めていた時代には、月経中に祭り事を避ける習慣はなかったのではないかと私は考えています。というのは、精神文明の神祭りの儀式は、新月や満月の夜に合わせて行われていたこともあり、するとちょうど月経に当たる可能性が高くなるからです。

また、ネイティヴ・アメリカンの伝統では、月経中の女性は感覚が研ぎ澄まされるため、「神に近づく」と見なされており、むしろ神祭りには適任だったかもしれません。そこで一つ思い当たるのは、かの有名な中世フランスの少女革命家、ジャンヌ・ダルクが「神のお告げ」

を聞いた時、ちょうど月経中だったという逸話。これを単なる偶然と見ることもできるけれど、あるいは「神に近づく」説を証拠づける実例にも思えてしまいます。

そこで、当時は月経中の女性でも、神祭りに参加できたと仮定しましょう。もちろん昔の女性であれば、現代とは違って、儀式の間だけ経血を漏らさないように溜めておくこともできたでしょう。けれども、ふとしたはずみで「粗相」をした可能性もまた、少なくないはず。それなのになぜ、大丈夫と言えるのでしょうか？

それは、かつては神祭りが行われる聖地や神殿は、「土の上」だったからです。今でこそ神社と言えば、立派なお社《やしろ》が建てられるのが当たり前だけれど、古くは屋外の岩や樹木などを神霊が降り立つ御神体として、玉垣や注連縄《しめなわ》で囲んだ「ひもろぎ」と呼ばれる聖域が、神祭りの舞台だったのです。そんな「ひもろぎ」での儀式であれば、おそらく経血が漏れてきたら、足元の土の上に落とせばよかったのです。それなら少し水を流せば汚れは目立たなくなるし、簡単に「土に還る」のだから。

女性が尊重されていた精神文明の時代には、人々の信仰の中心に「大地母神」つまり「大地の母である女神」が存在していました。だからこそ祭り事も、土の上で行われていたのだと考えられます。実際に、マヤの神殿でも、縄文やケルトの聖地でも、男根の形をした大きな石柱が、女性のシンボルである大地に直接突き立てられていたのです。

だから当然、人々が女神を信仰し、女性が祭り事の主役として尊重されていた時代には、月経や出産を「穢れ」と見なす発想は生まれなかったことでしょう。

そのいい例として、神話時代の物語である『古事記』に登場する、ヤマトタケルとミヤズヒメの「婚合《まぐわい》」の場面では、いざ事に及ぼうとする時になって、ミヤズヒメの衣服に経血がついていたのをヤマトタケルが一度は見とがめるけれど、結局はミヤズヒメの情にほだされて、まぐ合ったことが書かれています。そこには、穢れの思想などまったく感じられません。


その後、力の強い男性が人々の上に君臨する物質文明が始まって、神殿での男女の力関係が逆転してからも、初めのうち男性支配者たちは、女性たちを積極的に活用していたのです。たとえば古代メソポタミア諸国の王たちは、有力な巫女と交わることで、王としての権威を授かったと見なされたし、ギリシャのアフロディーテ神殿では、巫女たちが神殿娼婦として参拝客と交わることで、神殿の繁栄に貢献していました。

それがなぜ急に、男性支配者たちは、神経質に月経中の女性を祭り事から閉め出すようになったのか？

それはおそらく、日本でいえば奈良時代以降、男性権力者たちが大きな寺社を建立することで国力を示す時に、神殿の内部を土から離して、立派な床を設置し始めたからではないでしょうか。その結果、これは日本の神社にも西洋の教会にも言えることだけれど、神域の条件として、ちり一つない清潔な空間が求められるようになったのです。とくに西洋では、神のキャラクターが男性化してからというもの、その信仰は泥臭い大地や肉体的な感覚を禁欲的に忌避するようになり、清浄で透明感の漂う「天」をひたすら崇《あが》めるようになりました。

平たく言うと、男性神官たちは、せっかくキレイに掃除した清潔な床や白い玉砂利の上を、経血の色で汚されたくなかったのです。そこには現実的に「後始末が大変」という本音があったでしょうし、宗教的には「神仏に対してご無礼」と考えたのでしょう。

以上のいきさつからわかるように、男性優位社会の特徴の一つとして、世の中の表にあるさまざまなものや仕組みが、「男性の体に合わせて作られた」ということが挙げられます。男性にとっては、普段「経血が落ちる」という経験がないので、それを念頭に置かずにキレイな床をこしらえて、女性が経血で汚すという不都合が発生した時に、二度と汚されないよう閉め出したということではないかと想像します。あるいは、女性を閉め出すことを念頭に、あえてそんな構造に変えるという意図もあったのかもしれません。

だけど、そんなふうに差別的な見方をされるようになった根本的な理由は、平たくいえば「男には無いものだから」ということに尽きるのではないかと思います。もし男性にも月経があったとしたら、おそらく「人間には当たり前の現象」として、自然な捉え方をされていたことでしょう。けれど、そうではない男性にとっては、流血は戦争やケガを連想させる、恐ろしくて忌まわしいイメージに結びつけやすかったのです。自分と違うものを悪く言うというのは、男女に限らず、あらゆる差別を生み出す共通の根っこなのです。

✴月経血は「大地の栄養」となるもの

経血は決して、不潔なだけのものではありません。それを素肌で実感してきた私の、現代では珍しい風変わりな体験をお話ししましょう。

私は10代の頃、生理用ナプキンを使わない生活に挑戦していたことがあります。経血を受け止めてくれるのはショーツ一枚だけということは、それとは知らずに、ちょうど布一枚を当てていた古代の女性たちと同じレベルの生理用品で済ませる体験をしていたことになります。

ナプキンなしでは大変な〝流血〟になるのではないか？　と思われるだろうけれど、意外とそうでもなかったのです。これには理由があって、経血は血液とはかなり違う質感のものだからです。

実は、経血の中に含まれる血液は、わずかに1割程度だといいます。残りの9割は、主に子宮内膜を中心として、使われなかった卵子、膣を潤わせる粘液や子宮からの分泌液、酵素などが寄せ集まったもの。私はそれらを手洗いしては陰干しするという、まるで大昔の女性のような生活をしていました。

とはいえ、なるべくならショーツや衣服を汚したくないという強い思いが、私に「ある感覚」を鍛えさせることとなりました。経血は、ずっと漏れっ放しでいるわけではなく、適当な間隔をあけて、子宮から周期的に降りてきます。そこで私は、膣内に「降りてくる兆し」を感じると、漏れないように膣の入口を引き締めてトイレに駆け込み、便器の中に排出するようにしていました。ちょうど、幼児の「トイレトレーニング」のようなものです。

あたかもコップの中身をあけるかのように、まとめてうまく排出できた経血をながめるのは、私にとってひそかな楽しみの時間でした。

不思議なことに、私は生《なま》の経血をまったく不潔とは感じませんでした。それは、ケガによる出血とはまるで違う、凶々《まがまが》しさや危険を感じさせない、深みのある落ち着いた「深紅《しんく》」だったから。私は、経血のやさしい深紅の色あいに癒されていたのです。

私はこの奇妙な習慣を、ほかの人には共感されないだろうと思って、長い間、自分の胸にしまっていたのだけれど、前出の三砂ちづるさんの『昔の女性はできていた』を読んだ時に、実は明治以前の時代には多くの女たちが実践していた当たり前の習慣だったと知って、「これで良かったんだ」と、心安らぐような感慨に包まれたのでした。

10代の頃はナプキンを使わないことが多かった私も、成人してからは紙ナプキンを常用するようになりました。肉体の構造からいって、経血は大小便ほど長時間は溜められないようにできています。いくら骨盤底筋を使って、なるべく漏らさないように心がけたとしても限度があります。たとえば月小屋生活のように、いつでも自由にトイレに行ける環境にいないかぎりは、仕方なく漏らすほかありません。

だから私は、紙ナプキンの恩恵をありがたく受け入れたのだけれど、相変わらずタイミングが合えば、なるべくトイレに駆け込む習慣を続けていたので、人より使用枚数は少なかったと言えます。その後、布ナプキンの存在を知ってからは、少しでも焼却ゴミを減らすのに貢献したいという思いから、試してみました。すると、化学合成の不織布よりも、天然の布のほうが素肌にとって快適なのは明らかでした。そこで、紙ナプキンは旅行中など布ナプキンを洗う余裕がない非常時の助っ人役として置いておきつつ、布中心に切り替えたのです。

毎月、経血を吸わせた使い捨てナプキンを「汚物入れ」に「ゴミ」として捨てるという行為を続けることが、女たちの自尊心を下げる働きをしていると指摘する女性は少なくありません。これは、私の友人がそういう実感を漏らすのを直接聞いたことがあるし、また健康関連の仕事をする女性たちが同じ意見を書いた記事を目にしたこともあります。おそらく、そう感じる女性たちは、本来、経血は「無意味なゴミ」ではないはずだと、潜在意識のレベルで気づいているのだと思います。なぜなら、昔の女性たちは、経血を有効利用する手段を持っていたのだから。

そのいい例の一つが、ネイティヴ・アメリカンの女性が、経血を畑にまくという話。また、オーストラリア大陸の先住民であるアボリジニの女性は、植物の根元にしゃがんで排血するのだと聞いたこともあります。つまり、経血は大地にまけば肥料になるということです。

私はこの話を知った時に、布ナプキンに切り替えていたので、自分で試してみることにしました。私の住む団地の北側にアジサイが2株植わっているのだけれど、日当たりが悪いせいか、毎年6月になっても花びらが白っぽい薄ぼけた色のまま終わってしまうという、残念なアジサイでした。そこで私は毎月、布ナプキンをつけ置き洗いした時にできる「月経水」を、アジサイたちを応援するつもりで、ある年の冬からまいてみたのです。すると翌年、アジサイの花は2株とも、何とも鮮やかな紫色に染まったのです！！！

これで、月経血が本当に栄養豊富な「肥やし」になることが確認できたというわけ。

先ほどもお話ししたけれど、経血は単なる血のカタマリではありません。血液はわずかに1割しか含まれておらず、残り9割の成分には、アミノ酸、グリコーゲン、酵素、ビタミン、ミネラルなどの栄養素が豊富に含まれています。さらに言うと、中身の大半を占める子宮内膜は、そのまま育てば胎盤となるもの。ご存じのように、「胎盤（プラセンタ）エキス」は美容と健康に恵みをもたらす貴重な成分として、化粧品や健康食品にも盛んに使われているのだから

（注：人間の胎盤の利用は制限されているため、動物の胎盤や植物の胎座が使われます）。

私はなにも、経血を「神聖なもの」とまで言うつもりはありません。たしかにそれは、体内毒素を含んだ排泄物の一種なので、大小便が汚物として扱われるのと同じように、経血も汚物

と見なされるのは仕方がないと思います。

ただし、大小便が有機肥料として利用されてきたのと同じように、経血も大地にまけば、毒素は地中の微生物に分解されて、「大地を肥やす栄養」となるのです。つまり女性は、子供を産む・産まないにかかわらず、毎月「大地の栄養を産み落とす」という意味からも、精神文明の中では男性から尊重されていたのではないでしょうか。なにより経血には、大小便のような悪臭がないのだから。

そういえば、日本で生産される野菜のビタミンやミネラルの量が、戦前と比べて激減したという2000年頃の調査結果を見たことがあります。おそらくその差は、戦前までは水洗トイレではなく汲み取り式が一般的だったのに加えて、かつては経血や、それを吸収した紙や綿もトイレに捨てられていたので、多くの農家で経血が含まれた有機肥料が使われていたからではないかと私は考えています。

私たちが自然の恵みである動植物を食べて栄養にする一方で、それを消化した残りカスの排泄物を大地に還すことで、人間は自然界のエネルギー循環の輪の中に入ることができます。それを当たり前に実践できていた江戸の町のことを、「理想的なリサイクル都市だった」と、近年になって見直す声がよく聞かれます。それに対して、現代の都会に住む私たちは、その大量のエネルギーを、経血はゴミとして燃やし、大小便は大がかりな装置で複雑な化学処理を施しては川に流しています。つまり、どちらも土に還さない仕組みを作っているということ。

いったん汚染された水が浄化されるには相当な年月が必要なのに対して、土は微生物と植物の力で、もっとすばやく浄化してくれます。つまり現代人は、ずいぶんな「宝の持ち腐れ」をしているのです。

思えば人類は、母神としての大地への信仰を捨てて、ひたすら物質開発競争に突っ走ってきました。その結果が、地球のエネルギー循環の輪からはずれて、環境破壊が得意な生き物に成り果てた今なのだと言えます。アニメ『天空の城ラピュタ』のヒロイン、シータは「(人は)土から離れては生きられないのよ」と言ったけれど、それは現代の私たちにそっくり当てはまることではないでしょうか。

もちろん、人口が集中しすぎた大都会などでは、「土に還す」というのは、衛生面や臭いの問題から、まだ難しいと思うけれど、まずは個人ができるところから、身近な菜園や花畑、樹木などに対して実行したらいいいと思うのです。

✴「憂うつなもの」というネガティヴ・コントロールの第二段階

昭和の終戦後、「男女同権」が教育される時代になると、千年近く続いた月経と出産のネガティヴ・コントロールをめぐる事情に、二つの大きな変化が起こりました。

一つには、不浄・穢れという差別的な見方が時代遅れとなり、あわせて月小屋と産屋も姿を消していったこと。これは、戦後の復興期から高度経済成長期へとつながる大きな流れの中で、「社会へ働きに出る女性」が増えていく時代になったことと連動しています。

もう一つは、そんな時代が求める必然として、月小屋と産屋に取って代わる新たな商品やサービスが開発されたこと。まず月経の手当てに対しては、吸収力にすぐれた使い捨てナプキンが初登場。そして出産の手当てに対しては、それまでは9割以上の人が地域のお産婆さん（助産師）に介助されながらの自宅（産屋）出産をしていたものが、誰もが病院で出産するレールが敷かれていったのです。

ではまず、月経にまつわる、世の中の見方と女性たちの意識の変化について見ていきましょう。

先にも触れた、日本で初めて開発された使い捨てナプキンの「アンネナプキン」は、それまでの日本人の月経に対する意識を根こそぎ塗り替える、という社会的使命も背負って売り出されたようです。あえて派手に打ち出された、お洒落で華やかな広告シリーズによって、それ以前は母娘間でも口にするのがはばかられるような日陰の存在だった月経のことを、「アンネ」というニックネームを使って人前でも話せるような雰囲気に、世の中全体が変わったといいます。

なにより、それまで月経中にはあきらめていた、スポーツや旅行を楽しめる自由がもたらされたのは、さぞかし画期的なことだったでしょう。きっと1960年代の日本の女性たちは、新たに手に入れた行動の自由と解放感を満喫していただろうと想像できます。ところが、丁字帯と脱脂綿の時代を知らない、生まれた時から紙ナプキンがあった世代の少女たちが月経年代に参入していくにつれて、そのムードは変わってきたのだと思います。

私が小学生の頃、月経について母親や先生から教わるより早く、少女漫画誌に掲載されていた紙ナプキン広告の「ブルーデー」という和製英語のキャッチフレーズが目に飛び込んできたのを覚えています。そう、月経は1970年代半ばからは、女性たちの自発的な本音として「憂鬱《ゆうつ》な日」と呼ばれるようになっていたのです。

何が憂鬱なのかといえば、職場や学校で人目を気にしながら紙ナプキンをたびたび取り替えに行くのが面倒だとか、女性の8割が感じているという生理痛の辛さだとかが相まって、私が通った中学校の女子更衣室でも、「女はコレがあるから、イヤよねぇ」「生理なんて、なければいいのに」といった女の子たちの愚痴が聞こえてきたものでした。それに、初登場の時は画期的な吸収力を誇っていたはずの紙ナプキンでさえ、ショーツからズレるなどして「それでも漏れる」という〝横モレ事故〟は珍しくなく、女の子たちの心配のタネでした（注：膣内に挿入する生理用品・タンポンならこうした事故は起こらないのだけれど、日本ではアスリートなど職業的必要がある人以外にはあまり普及しなかったので、こちらの話は脇に置いておきます）。

こうした憂鬱が再び出てきたのは、この時代から「会社で働く女性」が増えたことが大きく影響していることは間違いないでしょう。なにしろ男性の体に合わせて成り立っている社会の仕組みの中で、男性と同じ働き方をしようと思うと、月経や出産という「お休み期間」は、女性たちにとっての「ハンデ」だと感じられてしまうから。

先にお話ししたように、遠く古代に、世の中の重要な物事を男女の合意で決めるのではなく、男性が決めて女性が従うという社会に変わってからというもの、いろいろなことが「男性の体を基準にして」計られるようになったために、女性特有のことは不利となりやすい仕組みが出来上がっていきました。それが実は、今の時代にまで響いているのです。

だから、たとえ自分の会社に「生理休暇」という公然と休める制度があったとしても、「女はこれだからダメだ」とマイナス評価を受けたくないために、生理などないかのように、苦痛を痛み止めの薬でしのいで働いてきた女性は大勢いることでしょう。

この点では、月経が「穢れ」として扱われていた月小屋と産屋の時代のほうが、逆に女性の体の自然に合わせるという意味では、理にかなったことをやっていたと言えます。そもそも月小屋や産屋というのは、精神文明の時代から引き継がれた、女性の体を保護する習慣と、物質文明に入って後づけされた、女性の隔離と差別の制度化という、矛盾した二つのものが同居した存在だったのだから。差別の象徴と思われていた習慣にも、実は学ぶべき要素があったということです。

✴紙ナプキン開発競争が招いた骨盤底筋のおとろえ

1970年代以降、複数のメーカーが生理用ナプキンを扱い始めると、素材は当初の紙綿から、より吸収効率のいい綿パルプへ変わり、さらに高分子ポリマーという吸収体が埋め込まれるようになり、「決して漏らさない」ための新機能が次々と追加されていきました。

そうした吸収能力の開発競争が進むのにしたがって、生理用ナプキン会社は、今度は月経を「憂鬱なもの」ではなく、ことさらに「軽いもの」へと言い換えるようになったことにお気づきでしょうか。

2010年頃の生理用ナプキンのテレビCMで、私が「これはマズイんじゃないか⁉」と危機感を覚えたキャッチフレーズがあります。

それは、「――なかったことに！」というひと言。

経血が漏れたトタンにすばやく吸収して表面をサラッとさせるから、「まるで何も漏らさなかったのと同じ感覚にする」という意味でしょう。これでは、膣まわりの敏感な部分の感受性が、どんどん鈍らされてしまうのではないか？　そう思っていたら、それから7年後の今、私の危惧が現実に社会現象として表面化してきているのです。

その一つは、まだ若い年代での男女の「尿漏れ」の増加。

かつては尿漏れといえば、高齢者になって全身の筋力が弱まってきた結果として起こってくるものでした。それが今は20代から始まるようになり、とくに女性の増加が目立っています。

それを象徴するような話をすると、まだまだ美魔女世代と言える「40代～50代女性の2人に1人が、日常的に尿漏れを体験している」というデータがあります（泌尿器専門医による）。ひと口に「尿漏れ」と言っても、常に漏れっ放しというわけではなく、多いのは、たとえばくしゃみをしたり、重いものをドッコイショと持ち上げたりして、お腹に強く圧力がかかった弾みで、ちょろっと漏れてしまうという「腹圧性尿失禁」。これは、骨盤底筋の力が弱まることで起きてくる症状だけれど、今はそれが、全身の筋肉が衰えるより先に進行していることになります。

異常はそれだけではありません。以前は一部の高齢者だけに見られるものだった、「子宮脱《だつ》」という症状があります。膣の筋肉全体が弱ってゆるみきった結果、子宮が膣の入口まで落ちてきて外から見えてしまうというショッキングな状態なのだけれど、これが今、30代、40代の女性の症

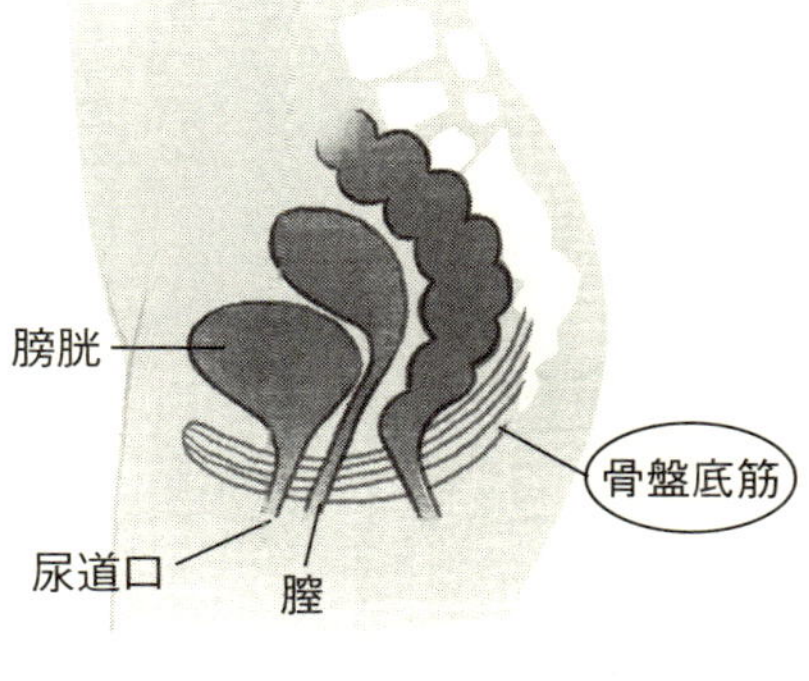

例として現れ始めているのだそうです。

実は、女性の骨盤底筋が弱る最大の原因となるのは、膣を通しての出産だといいます。骨盤底筋が伸びきることで、通常の張り具合よりもゆるい状態になるのです。ただし、そこでいったん筋肉がゆるんでも、普通はその後の日常生活を通して回復するようにできています。でも、その回復の程度には個人差があって、ゆるみが回復しにくかった人が、ひどい場合は子宮脱になったり、もっと軽めの「膣脱」となる場合もあります。

また、尿漏れ以外にも、骨盤底筋がゆるくなっている証拠といえるのが、入浴中に膣の中にお湯が入り込み、お風呂から出た後に漏れてくる「お湯漏れ」現象。これが出産未経験の20代の女性にも起きているのです。


ここまで日本女性の骨盤底筋力が低下した原因の一つとして、家庭や公共施設のトイレが和式から洋式へと切り替わったことを指摘する専門家もいます。たしかに和式トイレにしゃがみ込むあの姿勢には、骨盤底筋を鍛える効果があることが知られています。男性の尿漏れ増加については、これでも説明できるかもしれません。

けれども、女性にとっては、もっと大きな原因がほかにあるのです。というのも、私は和式トイレをめったに使わないのに、骨盤底筋はめっぽう強くて、尿漏れについては、出産直後の膣まわりがゆるんでいた頃にくしゃみで漏れる経験はしたけれども、その後はすっかり回復して、更年期に入った今も無縁でいるからです。

それより見逃せない最大の原因は、紙ナプキンの性能がよくなりすぎたために、女性が膣の入口の筋肉を使わなくなったことではないか、と私は考えています。


よく不思議に思っていたことがあります。脱脂綿の時代の「経血が漏れる不安」を、吸収力にすぐれた紙綿素材のナプキンが解決してくれたはずなのに、「それでも漏れる」との声に応えてメーカーがナプキンの吸収力を高めるたびに、「まだ漏れる」という声が上がって、どんどんナプキンの商品サイズが大型化し、吸収性能が強力化していくのはどうしてでしょうか？

これには、二つの理由が考えられます。

①昔より経血量が増えている可能性

戦後の食生活の変化、つまり高脂肪食品や加工食品を食べる機会が増加したことで、体にとってデトックスすべき量が増えているのかもしれません。実際に、前月の食生活の内容が不健康だったか健康的だったかによって、経血の量が増えたり減ったりする変化を経験している女性は少なくありません。

②骨盤底筋の筋力低下が進んで、より多くの経血がダダ漏れになっていること

これは間違いなく言えることで、それが50代以下の世代での尿漏れや子宮脱の増加という形で現れることになりました。

皮肉なことだけれど、ダダ漏れしても大丈夫なほどの紙ナプキンの高性能化が、膣まわりの筋肉を怠けさせ、骨盤底筋力の低下に加担してきたことは否めないでしょう。

これは私自身も体験してきたことだけれど、経血のすべてを引き受けてくれるような生理用品を持っていなかった昔の女性は、なるべく経血が漏れないよう膣の入口を意識して、出るとマズイ時には引き締め、排出したい時にはゆるめるという、自覚的な運動を繰り返していました。それが、骨盤底筋の日常訓練になっていたに違いありません。

尿動口から肛門までを大きく囲む骨盤底筋群は、複数の筋肉層がつながり合っています。女性はその中心に膣の入口が開いているために、男性よりも骨盤底筋がゆるみやすくなっている。逆に言うと、その膣まわりの筋肉を鍛えることで、そこにつながる尿道口や肛門のゆるみの予防や改善もできるのです。実際、骨盤底筋トレーニングは、腹圧性尿失禁の改善に効果が高いことが実証されています。いったんゆるんだ筋肉も、ちゃんと使えば何歳になっても回復する希望があると言えます。私自身も、ヨガの呼吸法と組み合わせて考案した《骨盤底筋エナジービクス》というエクササイズを指導する中で、その効果を実感しています。

✳尿漏れパッドとシニアパンツのCMが教えてくれること

２０１７年に生理用品メーカーが打ち出した、ある新製品の衝撃的なCMが、人々に時代の変わり目を実感させることとなりました。そこでは、バブル時代から人気者だったキレイどころの40代の女優さんが、なんと尿漏れパッドの看板キャラクターとして、爽やかな笑顔をふりまいていたのです。

ただし、CM内には「尿漏れ」というキーワードはいっさい登場しません。商品名にも含まれておらず、代わりに使われているのが「吸水ケア」という言葉。だからきっと、わからない年代の人には、何のことかわからないはず。それでも「ちょろっと漏れ」というセリフが一度入るので、まさしく腹圧性尿失禁に悩んでいる人には通じるメッセージとなっています。

さて、こうしたCMが流れる効果には、いい面とまずい面の両方があると思います。

その女優さんを中心に、軽快なファッションに身を包んだ女性たちが、街を楽しそうにスキップしていく映像は、これまで恥ずかしくて人に言いづらいものだった「尿漏れ」という症状に対するイメージを、もっと明るく爽やかなものに塗り替える画期的なものです。ちょろっと漏れとはいっても、その頻度が多い場合は、日常生活や外出に支障をきたして、引きこもりがちになる人もいるのだから、これは社会的に意義があることでしょう。

つまり、現に悩んでいる人に対して、

「気に病まなくていいんだよ。あなただけじゃなくて、みんな悩んでるんだよ」

というメッセージを送ることで、

「私だけじゃないんだ、恥じなくてもいいんだ！」

と、心を軽くするのに役立つのは、いいことだと思います。ただ、だからといって、

「べつに漏れてもおかしくないんだ、パッドがあるからこのままでいいや！」

という方向へ、私たちの「体に対するイメージ」が変わってしまうのは危険なことだと感じずにはいられません。


実は、同じ2017年に、また別の紙おむつメーカーが、これとそっくりなイメージの新製品CMを公開したのにも目を引きつけられました。

こちらでは、60代の大物スター夫婦が、自分ではくスリムパンツ型紙おむつの着用イメージキャラクターに起用されていました。ここでも、若々しくスマートな容姿のお二人が、お洒落なファッションで外出を楽しむ姿が描かれていて、「尿漏れを恥じることなく、便利な商品を使って外出を楽しもう」というメッセージ性が感じられました。これもまた、現に困っている人を助けるという意味では、大きな意義があることだと思います。

もちろん、病気やケガ、体が自由に動かせない障害など、何らかの支障がある時にこういう

ものを利用できるのは、本当にありがたいことです。それは本人にとっても、お世話をする介護者にとっても切実な問題だから。

それでも私が危機感を覚えているのは、二つのCMで描かれているのが、「健康で頭がハッキリしていて、活動的な状態での紙パッドケアが推奨されている図」というところ。つまり、**「体のほかの部分は衰えていないのに、骨盤底筋だけ衰えている」**というアンバランスで不自然な状態を、当たり前だと思うのはマズイということなのです。

私は介護ヘルパーの仕事を経験したこともあるのだけれど、介護者は要介護者の動作を手伝いすぎず、本人が持っている能力をなるべく活かせるよう、手加減が求められます。でないと、使わない能力は、どんどん退化していってしまうからです。

まさにそれと同じで、**これほど現代人の骨盤底筋力の衰えが進行しているのは、しっかり使わずに怠けさせているから**です。その原因は、生活動作の変化によって、骨盤底筋を使う運動の量が減っていることも大きいでしょう。たとえば、トイレでの排泄姿勢が変わったことや、自力で階段や坂道を昇り降りせず、エスカレーターや車に頼りがちになったことも響いていると考えられます。さらに言えば、生理用ナプキンや、赤ちゃん用紙おむつの性能がどんどんよくなってきたことと決して無関係ではありません。

漏らしてもサラッとして不快にならない紙おむつのおかげで、赤ちゃんのおむつ離れの年齢も、1980年代には2歳前が目安だったものが、21世紀に入ってからは4歳前が目安へと高齢化してしまっています。

同じように、漏らしても膣まわりが不快を感じない紙ナプキンのおかげで、女性たちは「自分の膣の入口がどこにあるのか」を感じることができなくなっているのです。

というのも、私は《骨盤底筋エナジービクス》と名づけたエクササイズを男女両方に指導しているのだけれど、女性に「膣だけをピンポイントで締める」という動作ができるかどうか試してもらうと、それがどこにあるのか意識できないために、「膣が締まっているのかどうかわからない」という女性も少なくないのです。そんな時は、重心を移動することで感覚をつかんでもらうか、椅子に腰かけた姿勢で、膣がどこにあるのかを自分で確認する練習から始めることにしています。

この流れを止めるためには、**男女とも骨盤底筋をしっかり使えるように意識することが肝心**。外から当てるものに頼ることは、非常時や体が不自由な時には必要なことだけれど、そうでない時まで頼るのが当たり前だと思ってしまったら、災害時など物資が足りない事態になった時には、困る人が増えすぎることでしょう。それで私は、大きな震災などが起きた時にはいつも、紙ナプキンの使用量を少しでも節約できるように、「経血キープ（コントロール）」のノウハウを、ブログやSNSを通じてシェアするようにしています。

できれば平常時から、自分の中にもともとある骨盤底筋の力を、もっと使えるように開発していくといいのです。そうすれば、女性は経血キープがうまくできるようになり、男性は射精キープのコツがわかるようになるでしょう。それがゆくゆくは男女ともに、年をとっても尿漏れになりにくい、「しまりのいい」体づくりの役に立つのです。

それにもう一つ、男女とも「オーガズムを感じやすくなる」というご褒美がついてくることをつけ加えておきます。

✴病院での管理された出産・助産院での自然出産の両方を体験して

次に、もう一つの女性の象徴である「出産」が、昭和から平成の時代に、どう変わったかという話をしましょう。

出産が穢れと言われた時代は遠くなり、今では出産のことを悪く言う人はいないけれど、ここでもネガティヴな刷り込みが続いていると思えるのが、「とにかくすごく痛い、苦しい、大変なものだ」という恐怖を伴うイメージが定着していること。これは、戦後生まれの私たちが、母親の口からそう聞かされていることの影響が大きいでしょう。

終戦を節目に、日本の出産事情は激変しました。それ以前は、お産の9割以上は、産屋を含めた家庭で、地域の「お産婆《さんば》さん」（助産師）の介助で行われるものでした。病院でお産をする人は1割以下だったのです。ところが戦後の短い間にその割合が逆転し、21世紀の今では病院でのお産が99%、メスや薬剤などを使った医療行為が行われない助産院や自宅でのお産は1%以下と、極端に引っくり返ってしまったのです。

お産が病院で行われる最大のメリットは、出産中に異常事態が発生しても、すぐに手術などの緊急救命処置がとれること。それによって、昔なら母親か胎児、もしくは両方が命を落としていたかもしれないところを助けられるようになりました。たしかにこれは、大きな恩恵だと思います。

その反面、命に関わるリスクが低い多くの妊産婦にまで、「万一に備えて」の精神で、まるで外科手術に対するような一律に管理された医療的処置が加えられることで、女性の体に本来備わる「産む力」が発揮されにくくなっていることを指摘する助産師は少なくありません。私は、上の子を当時のアメリカ仕込みの管理方式の病院で、下の子を助産院で産んだので、その違いをわかりやすく体験することができました。

そもそも生き物にとって命をつなぐのに欠かせない行為は、喜んでそれがしたくなるための生き物の戦略として、快感を伴うようにできています。食べることも、性行為も、排泄でさえそうです。それなのに出産だけが痛くて苦しいばかりというのは、不思議ではないでしょうか。今よりたくさんの子供を産めていた大昔の女性は、もしかしたら現代の私たちが思っているほど苦痛ではなかったかもしれない、と私は想像しています。もちろん、ひとたび異常が起これば死と背中合わせの、命がけの行為ではあったとしても。

実は私が初めての子を授かった時、直感的に「苦痛ではなく、オーガズムとともに産めるのではないか？」というイメージが湧いてきたことを覚えています。私にとって出産は、幸福ホルモンに浸された、まぐ合いの延長のように感じられたのです。なぜなら、わが子が産道＝膣《ほと》を力強く通り抜けることになるのだから。「快」が生まれる場所で、わが子とつながるその時間は、日常意識を超えた、光り輝く快感の奔流に包まれそうな気がしたのでした。

ところがいざお産の当日、病院の硬い板のような分娩台《ぶんべんだい》の上に仰向けに寝かされた私は、まるで「俎板《まないた》の上の鯉」のように自分のことを感じました。なにせ両足が金属の足乗せ台で固定されている上に、お腹に分娩監視装置とつなぐための電気パッドをいくつも貼られ、それがベルトで固定されている。ものすごく「不自由」な感じがしたのです。しかも、陣痛をやり過ごすためにモゾモゾ動いていると、看護師さんから「パッドがズレる」と咎《とが》められる始末。そのうえ、途中から片方の股関節だけが外側へねじれて外れたみたいな違和感が戻らず、不自然な感覚が続きました。姿勢を変えたくて仕方がなかったけれど、自由な身動きが制限されているのです。

そのうち陣痛が進むと、母親教室で教わって練習した呼吸法は、使用不能となりました。「それどころじゃないわよ！」という感じ。看護師さんの指示で、まだいきまないようこらえ続け、と思ったら、いきみ解禁の指示が出て、しばらく踏ん張ったところで、医師が私のシビれて感覚が薄くなった会陰にメスを入れて切開した振動が伝わってきて、間もなく医師の手でわが子の体が、私と枕元で立ち会っていた夫の目の前に取り上げられたのでした。

看護師さんには「安産」と言われたので贅沢《ぜいたく》は言うべきではないのだけれど、産んだ直後に私からお願いして一度だけ抱かせてもらったわが息子が新生児室へ連れ去られた後、まるで自分の体が、ボロボロに傷《いた》んで戦《いくさ》から帰還した〝名誉の負傷兵〟であるかのような、妙なイメージが浮かびました。母性の行為なのに、戦争とは！

今思えばこれは、現代の病院が科学的に管理する出産方式が、母性の「産む力」を引き出すよりも、男性性が主体の効率的処置となっていたことを象徴するようなイメージだったのでしょう。

二人目の子を授かった時、友人から「助産院なら自由な姿勢で、会陰切開もされずに産める」という話を聞いて、喜んでお世話になることにしました。前回の出産では、医師に「できれば会陰切開はしないでほしい」と事前にお願いしたにもかかわらず、「初産《ういざん》は会陰が裂ける可能性が高いから、その前に切開したほうがいい」と、一律に処理されたことに疑問を感じてもいました。

「自由な姿勢で」という言葉も耳新しくて、興味が湧きました。今では多くの人が当たり前だと思っている、分娩台に固定されての仰向け姿勢が、実は女が「産む力」を発揮しにくくしていることを、助産師さんたちは教えてくれました。

まず、産道の出口が上向きになるため、重力に逆らって「産み上げる」という、不自然な力のかけ方をしなければならないこと。そう言えば、昔ながらの「産み落とす」という言葉は、他の哺乳類の動物がそうであるように、四つん這《ば》いなどの産道が下向きになる姿勢をとって、赤ん坊が股の間に落ちてくるからこその表現だったのだと気づく。こうすると、重力も利用することができるので、産み上げるよりよっぽどラクに赤ん坊が出て来られるのです。昔はそれが当たり前だったことは、産屋の天井から「力綱」が吊り下げられていて、それにつかまって膝立ち姿勢で産んでいたという話からもわかります。

さらに、仰向け姿勢だと、お尻の仙骨関節が圧迫されるため、骨盤全体が大きく広がろうとする働きをじゃましてしまうのだそうです。自分が体験した不快感の原因がわかって、大いに納得したものです。

また、すべての助産院には嘱託《しょくたく》医院が決められていて、何か異常があれば、すぐに医療処置が受けられるというのも安心材料になりました。

助産院での出産は、夫と上の息子にすべてのプロセスを見守られながら娘を産み落とすという、その後の心の財産となるような体験でした。

ただ、椅子の座面に倒れ込むようにつかまった姿勢で臨んだ今回は、痛いというよりは、圧倒的な奔流が骨盤の中から暴れ出して、体が壊れそう！　という感覚でした。当時抱えていた心配事や、臨月に入っても十分な睡眠時間がとれていなかった反省が心をよぎり、体力不足で体が負けそうに思えました。それでも呼吸を深くして、逆らえない大波に身を委ねるうちに苦しみはやわらいでいったようで、終盤は身も心も波が静かになって、なにか明け方の光に包まれるような不思議に落ち着いた感覚に浸っていたところで、あっけなく娘が股の間からぽろりんとこぼれ落ちてきた印象でした。今思えば、これは一種の瞑想状態で、素敵な快感の中で産めたと言えるけれど、想像していたようなハッキリしたエクスタシーを味わいながら産んだという実感がなかったのが、ちょっと惜しい気がしていました。

とはいえ、産み終えた後は、病院では味わえなかった〝ご褒美〟の連続でした。

病院ではすぐにへその緒を切られて、赤ん坊は体重計測や産湯のために連れ去られたところが、ここではへその緒がつながった状態で「ハイ、どうぞ」とお腹の上に乗せてもらえたのです。何という一体感でしょう。

すぐにへその緒を切らない理由は、この時点ではまだへその緒の脈動が続いているからで、まだ医学的には証明されていないものの、胎盤からへその緒を通して、酸素や免疫物質、造血物質など最後のひと搾《しぼ》りの栄養が赤ん坊へ送られていると見なされているからなのです。

やがて30分ほど経つと自然に脈動は止まり、そこでやっと役目が終わったというように、胎盤が自動的に剝がれて、産道から出てくるのが、いわゆる「後産《あとざん》」の本当の意味。つまり、役目がすべて終わってから初めてへその緒を切るのです（※この点では、欧米の医学界から先に理解ある歩み寄りが始まったようで、２０１４年にはイギリスの、次いで２０１７年にはアメリカの産科学会が、へその緒を切るタイミングを少し遅らせると〈イギリスでは3分、アメリカでは30秒～1分〉、新生児の健康と発達にいい影響があるという見解を発表しています）。

助産師さんたちは、夫と私にもハサミを入れるよう勧めてくれました。また、この時産み落とした胎盤の一部を、その晩の夕食に添えて出してもらえたことは忘れられない体験です。ほかの哺乳動物も自分が産んだ胎盤を食べるそうですが、これは母体の体力回復に役立つ栄養が入っているからだといいます。

なにより退院後のいい〝おみやげ〟になったのが、わが子と24時間、同じ布団で寝起きして過ごすという生活でした。息子を産んだ病院では、決められた授乳時間以外は「お母さんの体を休ませるため」という理由で母子別室だったのだけれど、退院してから夜泣きに忙殺される生活との落差が激しくて、落ち着くまでに大変な思いをしたもの。

それに対して助産院では、入院中の数日間で、まだ出が悪い私の母乳と、まだ上手に吸い出せない娘との疲れ果てるような格闘が、いい馴らし運転となったようで、逆に退院したとたんに拍子抜けするほどラクに授乳生活を始められたのでした。

✴痛くない「オーガズム出産」がなぜ可能なのか？

ずっと心残りだった「オーガズムを感じながら産む」という、今にも手が届きそうに思えたイメージ。あれは、私の妄想にすぎなかったのでしょうか。

確信を持てなくなっていたところ、やがて私が「性の語り部」として全国の読者のみなさんと知り合うようになってまもなく、ついにそれを現実に体験した人と出会うことができたのです。

助産師の恵理さんは、三人目のお子さんを、自宅で自分独りの〝セルフサービス〟で産み落とした時のことを、

「痛くなかったどころか、すごく気持ちよくて、子供を作った時よりも産む時のほうが気持ちよかった」

と言うのです。つまり、セックスで感じた以上のオーガズムだったというわけ。

やっぱり、可能だったんだ…！　私は歓喜しました。

恵理さんを皮切りに、その後私が直接知り合えた「産んだ時、気持ちよくなった、エクスタシーを感じた」ことがある女性は、もう五人を超えます。探せばもっと数多くいることでしょ

う。

きわめつきは、河瀬直美監督による『玄牝《げんぴん》』というドキュメンタリー映画を観た時のこと。これは、昔ながらの産屋での自然出産を再現した取り組みで有名だった、愛知県の吉村医院を取材した作品だけれど、そのラストが産屋でのお産を終えたばかりの女性の口から、思わず「気持ちいいっ！」という言葉がほとばしる場面で終わっているのです。

今では私は、**いい条件さえ整えば、女性には「快感とともに産める」力が備わっていること**を確信しています。

私がそう考えるようになった、生理学的な根拠についてもお話ししましょう。

陣痛を起こしているホルモンが、愛情ホルモンでもあるオキシトシンだと知った時、その謎が解けたのです。オキシトシンは、筋肉を収縮させる作用を持っています。それで、月が満ちてスイカのようにパンパンにふくらんだ子宮が、オキシトシンの作用でギュウウと再び縮められようとする時、それは臓器が引きつるような痛みとして感じられるのは自然なことだと思います。

けれどもまた、【第3・第4の封印解除】でお話ししたように、オキシトシンにはオーガズムを引き起こす働きもあります。「女性の体は、緊張している時には痛いところが、リラックスすると快感に変わる」という法則を思い出してください。初めは不安感で緊張していた産婦の体が、うまくリラックスできて陣痛の波に身を委ねることができれば、オキシトシンは脳に快感をもたらしてくれるのではないでしょうか。

さらに、もう一つ。前にもお話ししたように、女性の脳は、陣痛や、骨盤が大きく開かれる体の大変動に伴う痛みを打ち消すために、出産中には脳内麻薬であるエンドルフィンが大量に自家生産されるようにできています。このため、陣痛もお産の間中ずっと痛いわけではなく、波が静まる合間には、日常意識を超えた、うっとりするようなトランス状態や、えもいわれぬ神秘的な感覚を味わえたりするのです。

とはいえ、現代の女性たちが「快感出産」を体験するには、越えなければならないハードルがいくつもあるのが現実だと思います。そこで、幸運にもそれを体験できた少数派の女性たちの共通点から浮かび上がってきた、「快感出産を体験するための条件」を私なりにまとめてみました。

①妊婦にとってラクな姿勢がとれること

快感出産を体験した女性たちはみな、自宅か助産院、もしくは病院でも分娩台に固定されないフリースタイル出産を採用しているところで産んでいます。仰向けではなく、四つん這い、もしくは何かにつかまりながらの膝立ち姿勢をとり、つまりは産道が大地に向けて開かれ、股の間に「産み落とす」態勢になるのです。

実は縄文時代の土偶をはじめ、世界各地で太古に作られた女性像の中には、股の間から赤ん坊が顔をのぞかせた、お産真っ最中の姿をしたものもあるのだけれど、その姿勢はいずれも「座産」、つまり上体は起こしたまま、しゃがんだ格好なのです。やはり妊婦の体にとって、これが本能的に楽な態勢なのだということです。

②自然な食事

前出の恵理さんは、マクロビオティックの先生でもありました。ほかの女性もみな、ビーガンやオーガニック食、もしくはなるべく自然で健康的な食生活を心がけていたことは共通しています。

また、『玄牝』に登場する故・吉村正先生も、妊婦にいいのは「江戸時代のような和食の粗食」と教えていました（参照：『母になるまでに大切にしたい33のこと』吉村正・島袋伸子著、WAVE出版）。

③骨盤の開きやすさ、会陰と子宮口の伸びやすさ

これらがすみやかに進行すれば、痛みを感じる時間が短くなるわけです。

これは、普段からの体の使い方がものをいいます。彼女たちはみな、子供の頃から山遊びで体が鍛えられるなどして、足腰の強さに自信がある人ばかりでした。

この点、吉村先生も妊婦たちに、日々の家事労働に加えて「1日2～3時間の散歩と300回のスクワット運動」ができるようにと指導していたといいます。おそらく私の場合は、出産前にこうした体力づくりもしっかりやっておけば、娘が産まれようとした時に、静かに湧いていた快感をもっとじっくり味わう余裕ができたのかもしれないと納得できました。

会陰の伸びやすさについては、妊娠前の性生活の時点から、膣の入口が痛むことなくスムーズにゆるむ状態になっておくことが大切だと思います。また、妊娠中に助産師さんの指導のもとに「会陰マッサージ」をすることも役に立つでしょう。なお、初産よりも出産回数が多くなるほど会陰は伸びやすくなるので、回数を重ねた人のほうが快感を体験しやすいことが言えます。昔の女性は一生に7、8人も産んでいたというけれど、後半は案外、「快感出産」も多かったのではないかと想像します。

④安心感とリラックス

まぐ合いの場合と同じように、うまく体の力を抜いてリラックスできるほど、痛みより快感を体験しやすくなります。そのためには、精神的な安心感も欠かせません。心配事や恐怖心が頭にあると、体の緊張が抜けず、痛みを感じやすくなるからです。

⑤場の雰囲気

④のために大切なのが、いかに妊婦がリラックスできる場を整えられるかということ。

吉村医院の産屋では、天井の電灯を使わずに、間接照明だけの薄暗い空間でお産を行っていました。これなら副交感神経が強く働く「リラックスモード」になるため、陣痛の合間には眠りに近い、うっとりした瞑想的な感覚になりやすく、快感出産にもつながりやすいでしょう。

逆に明るいライトに照らされた状態だと、交感神経が強く働く「緊張モード」になって、リラックスしにくいとも言えます。しかも、産道から出てきたばかりの赤ん坊にとっても、外が薄明かりのほうが精神的に落ち着くようです。そうした環境だと、生まれたばかりで、ニコッと笑みを浮かべる子もいると聞きます。

そしてもう一つ、助産師など介助してくれる人がいる場合は、その人との信頼関係がしっかり築かれていることも大切です。

4回もの自然出産を、同じ助産師（市川きみえさん）の介助で経験したある女性は、4回目のお産が最も時間がかかったにもかかわらず、「めちゃ楽しかったし気持ちよかった」「産んですぐまた、次の子を産みたいと思った」と証言しています。その女性が、出産にとって一番大事な要素として「環境」を挙げているのです。それを受けて担当助産師の市川さんは、気持ちのよいお産には「産婦自身が意識を集中できる静かな環境」が必要だとして、「場の雰囲気づくり」の重要性を訴えています（参照：『いのちのむすび』市川きみえ著、晃洋書房）。

⑥自分が主体となること

「快感出産」をした彼女たちに共通するのは、おそらく子供の頭が子宮口を出て、膣まで降りてきたあたりからの後半のプロセスを、ちゃんと自覚的にとらえていたということ。陣痛の波にわけがわからないまま振り回されるのではなく、波の満ち引きに応じて、自然に「今いきんだらいい」「今はお休み」というタイミングがわかった人もいます。

これは、気持ちいいまぐ合いとも共通することだけれど、「やられている」感覚ではなく、「感じている自分」がちゃんと自分の中心にいることが大切なのです。

この点について、介助者なしに自分独りだけで産み落とした女性たちは、「誰にもじゃまされない、自分と赤ちゃんだけの対話」の世界に浸ることができた、と言います。自分が大いなる力とつながって、それを成し遂げたという実感は、このうえない自己信頼感につながったことがわかります。

私が初めての子を授かった直後にイメージした、オーガズムの中で産むという感覚は、はるかな太古、本能の力が歪められる以前の女性の多くが体験していたものだったのかもしれません。

女性の体は、陣痛の激しい突き上げを受け止められるだけの体力と、骨盤周りの柔軟性などの肉体的条件が整った上で、うまく体を脱力できて、脳がトランス状態に入ることができたら、快感出産が可能になります。おそらく現代人よりもトランス状態に入ることに慣れていたはずの太古の女性たちにとっては、出産を快感として体験することは、珍しいことではなかったと私は考えています。

戦後生まれの私たちは、痛いばかりのお産が当たり前の時代を生きるめぐり合わせとなったけれども、次の世代には、お産に対する恐怖心や不安感を植えつけることがないように、「苦痛に耐えて産む」という物語ではなく、「少しの痛みを乗り越えた後に、喜びと快感の中で産む」という物語へと、語り替えて伝えていきたいと思います。

ただしこれは、それを体験できる「母体の健康度」と「安心な環境」が整ってこそ可能になること。日頃、骨盤底筋を鍛えながら柔らかくほぐし、骨盤関節が柔軟に開閉できるような体になっておき、妊娠中も体幹や足腰の筋肉が丈夫になる生活をすることが大切です。

第一希望は、自然出産による安産をめざしつつも、非常時には医療による救命処置も受けられる体制を整えておくといいでしょう。ただ残念なのは、現在の医療法では、新規の助産院の開業が難しくなっているため、その数が減りつつあること。そんな中でも、産婦の「生む力」を引き出すお産をめざす助産師たちは、その考え方に賛同してくれる嘱託医とタッグを組んでの開業を強く願っています。その一方で、自然出産に肯定的な産科医たちの間では、吉村医院がそうだったように「院内助産院」というシステムを提唱するグループもあるので、その取り組みが広がっていくことを期待しています。

✴ 出産を「聖なるもの」に還すこと

はるかな昔、出産は「祭り」だった可能性があります。

縄文時代に全国各地で作られていた土偶は、おそらく祭祀《さいし》目的、つまり祈り事のために使われていたと推定されているけれど、見つかっているのは女性の姿をしたものばかり。やはり世界各地の精神文明に共通の特徴として、万物を生み出す大地の母神と、子供を産む女性を延長線上にとらえて、豊かな実りへの願いを託したのでしょう。

しかも、土偶には大きなお腹の中央に、妊娠線が表れた妊婦姿のものが多いのです。それが墓地から発掘された例が少なくないことから、土偶は出産で命を落とした女性の再生を願うために作られたという説もあるけど、それは亡くなった場合にかぎらないのではないかと私は思います。どの出産も、結果的に安産であれば万々歳だけれど、もし異常が起これば死の危険が伴うわけだから、広く妊産婦の安産祈願に欠かせないものだったのではないでしょうか。

実際、もっと時代が下って、平安・鎌倉時代の絵巻物に描かれた出産場面でも、座位でお産に臨む産婦の周りにいるのは、産婆さんと、前後から産婦の体を抱き支える介助役の女性たち、そして安産の祈禱《きとう》や儀式を行う宗教関係者、といった顔ぶれなのです。

安産祈願といえば、実は中東のベリーダンスもその目的で生まれたことをご存じでしょうか。世間一般のベリーダンスのイメージとしては、ハーレムで女たちが王に媚《こび》を売るための官能ダンスと見なされる時代が長く続いていたけれど、もともと発祥の頃は、安産を願って、女性が女性のために踊るものだったそうです。おそらく神殿で神に捧げる巫女舞という形でも踊られたのでしょうし、妊婦と親しい女性が踊る場合もあったでしょう。

また、ベリーダンスの動きそのものに、安産に必要な筋肉を鍛える効果があるため、妊婦本人が踊ることもあったのではないかと、私は想像しています。さらに言うと、卵巣を刺激する動きもいろいろ含まれているので、妊娠祈願を込めて踊る場合もあったかもしれません。

そんな意味合いを持つダンスだから、いざ出産の時にも、同時進行で産婦を応援する祈りを込めて踊られていたのではないでしょうか。それこそ、お祭りのように。

そもそも出産という出来事自体が、日常意識を飛び越えていく「祭り」の性格を持っています。出産の対極にあるのが臨終だけれど、その瞬間、亡くなる人の体から霊魂が抜けていくのは真実だ、と語る医師も増えてきました。その逆が、出産にも言えるのではないでしょうか。つまり、どの時点からかはわからないけれど、あの世の次元から目に見えない霊魂が、新しい肉体に宿りにくるということ。

よく臨死体験では、この世とあの世を結ぶ通路として、まるで産道のようなトンネルをくぐるという描写が語られます。どちらからどちらへなのか、方向は違っても、命が境界線を越える時には、見える世界と見えない世界をつなぐパイプが開かれるのかもしれません。さぞかしそこには、普段はありえない大きなエネルギーの渦が巻き起こることでしょう。それを、見えないものを感受する力が発達していた太古の人たちが、ただ冷静に見ていたはずがありません。

おそらく出産は、一種の「神がかり」だと見られていたのではないでしょうか。

なにしろ、急に憑《つ》き物にかかられたようにお腹を抱えてうめき出し、獣のように吠えたりもする。さらに意識もうろうとしたエクスタシーの中で、股の間から新しい人間を産み落とすのです。

だからこそ、男性が女性を支配し、服従させる制度に社会を変えるにあたって、「大いなる出産」が人々の意識に大きな影響を与えないように、「穢れ」として押し隠す必要があったのです。

私がそう考えるようになったのは、助産院での娘の出産現場に立ち会った、当時4歳だった息子の、尋常ならざる様子に接したことから。私のお尻側という、最高の位置につけて見物していたため、膣口から赤ん坊の頭がのぞき始めた様子もしっかり目撃した息子は、その頭髪を見たまんま「わあ！　黒いのが見えるぞォ！」と報告するなど、大興奮の実況アナウンスを休まず続けていました。深夜に始まって明け方までかかった夜通しの出産プロセスの間中、疲れを知らずに歓声を上げたり、その場で躍り回ったりと、いつにない高揚状態が延々と、出産終了後のお昼近くまで続いたのです。要は、まるで大きな祭りの会場の中心にいて、熱気と興奮のエクスタシーに酔いしれた人のようになっていたということ。

命が誕生する時のパワーとは、これほどダイナミックなものなのです。

前出の市川さんも、出産で「宇宙や自然とのつながりを感じるような至福の体験（至高体験）」を経ることによって、女性の人生に変革が起きることを訴えています。

それに対して、最近「産後うつ」が増えているというのは、女性の中に内蔵されている「産む力」が不完全燃焼を起こしていることも原因の一つではないかと私は疑っています。

医療による救命技術の後ろ盾も発達した今だからこそ、再び産婦自身の「産む力」が引き出される自然出産がもっと当たり前になっていけば、きっと女たちの自尊心は今より高くなっていくに違いありません。

まとめ

戦前なら「女の腐ったような男」と言われていたであろう、人前で感極まって涙を見せる情緒豊かな男や、料理や手芸を器用にやりこなす男たちも、「女子力《じょしりょく》が高い」と女性から好意的に評価されるようになりました。同じように、かつては「男女《おとこおんな》」とけなされていたであろう、男勝りの性格や行動パターンを持つ女たちに対しても、今では「男前な女」というのはホメ言葉となっています。

そんなふうに「精神的な男女平等」は、昔の人が見たら喜ぶに違いないほど、かなり実現しつつあるのだと思います。ところがその蔭で、「男女の肉体的な差異」に対しては、なぜか目をつぶっておく状態が続いてきたと言えます。

今までの「男女平等」は、男性の肉体を基準にして作られた社会の仕組みの中に、女性が持ち前の受容性でもって、男性の事情に合わせて適応していくことによって進んできました。

だけど、最近になって女たちは、自分本来の体と心のペースを尊重して生きていきたいと感じ始めています。今までは、そんなふうに生きようとすると、何かをあきらめたり、損をする覚悟が必要だったりしたのだけれど、**これからはきっと、女性の肉体の基準が尊重されて、それが理由で損などしない時代に変わる。**そんな兆しを今、感じています。

詩とエッセイ：美しき性を歌う7

花は
草木の
閨《ねや》なればこそ
あでやかに
美を放つ

子供の頃は、当たり前のように、
花びらこそが花のすべてと思っていたものです。
大人になってからようやく気づいたのは、

花びらは花にとっての主役ではなく、
真の主役をぐるりと縁取る飾り付けだったということ。

真の主役とは、花芯にある、潤いたっぷりのめしべと、
ふさふさと花粉を揺らすしなやかなおしべたち。

つまり、花びらに縁取られた丸い空間の中は、
成熟しためしべとおしべがまぐわうための場所。

そうか、花は植物にとっての
まぐわいの寝台なのだと、思いを新たにしたのです。

花が色鮮やかで見る者の目を惹きつけるのは、
まぐわいの、いえ受粉の仲立ちをする虫たちを誘うためと
生物学者は機能性重視の説明をすることでしょう。

でもそうした機能はおそらく結果的なもの。

花を咲かせる植物の本体にとっては、ごく自然にめおとの結びにふさわしいエネルギーを持つカーテンをまとったということ。

私の娘が幼かった頃、こんなことを言いました。

「お花を見てると、体が暑くなる……！」

きっと花が人も虫も魅きつけてやまないのは、目に見える姿のせいだけではなく、花芯から発せられる愛のエネルギーの熱気ゆえなのでしょう。

《第6の封印解除》

愛のエネルギーは肉体を超えて通い合う

『聖書』では、男性的な「父なる神」が独りで世界を創ったと教えているけど、それとは対照的に、日本の『古事記』では、イザナギ・イザナミの夫婦神が「まぐ合いによって」国土を産み出すという、いかにも精神文明の息吹を感じさせる、男女円満な「国生み神話」が語られています。

と、そこまでは良かったのだけれど、同じ『古事記』の中で、その後の二神は、イザナミが死んで黄泉《よみ》の国の住人となり、それをイザナギが追いかけて会いにいった時の行き違いがもとで、手のひらを返したように壮絶なケンカ別れをして終わっているのです。独り戻って来たイザナギは、現代まで神道の最高神とされているアマテラスなどの代表的な神々を、独りで産んだことになっているので、結局は『聖書』と同じ流れについてしまったことになる。

人々が手本に仰ぐ神々が、男女でいがみ合って仲違《なかたが》いしたということは、人類の意識に次のような封印がかけられたことを象徴しています。

第6の封印「男と女は、わかり合えない」

そこから、男女のエネルギー循環の環《わ》が崩れたのです。それはつまり、人の世の「和」が崩れたということ。

互いを満たし合う循環ではなく、「男性が女性のエネルギーを搾取する仕掛け」が社会に組み込まれたのです。その中で女性は、男性に奪われ、辱《はずかし》められるという被害者意識が育ち、一方で男性は、判断も行動も自分がリード役を引き受けなければならないという重圧を背負ってきました。


だから女性は、男性の被害者。

だから男性は、女性が重荷。


これは、同じ人間という仲間同士でいがみ合うための仕掛けなのです。

互いに相手を、理解し合えない別の人種だと思い込まされること。

この仕掛けは、性別が同じ者同士にも応用されて、男女それぞれの優劣の物差しで競争意識が刺激され、「力のある勝ち組」と「力のない負け組」との対立が演出されて、助け合いを難しくしてきました。

なぜ、人々をいがみ合わせるような仕掛けが存在するのでしょう？

それは、物質文明の始まりとともに、少数の権力者が、大勢の人々の意思を、自分の思いどおりの方向へマインドコントロールするための策略を必要としたから。彼らにとっては、人々が結束して大きな力を持つことがないように、お互いに反目し合ってバラバラでいてくれたほうが都合がいいのです。

同性同士が心から信頼し合い、性的にではなくても親密に触れ合うことから生まれる安らぎと快感。それは、性的なパートナーと喜びに満ちた絆を結ぶための土台にもなるもの。それが揺らぐような、嫉妬と対立意識をかき立てる情報が、この世界ではせっせと広められてきました。

そして、男女が性欲から結びつくことはたやすいけれど、そこに罪悪感や恥の意識がまぶしつけられ、暴力的でエネルギーの奪い合いにつながるような方法でしか交われないなら、そこからは決して深い安らぎは得られないし、高らかな歓びの境地へはたどり着けません。そうして大勢の人々の性のエネルギーが、本領を発揮できずに抑圧されてきました。

性エネルギーが抑圧されると、スイッチ一つで「怒り」の感情へと切り替わります。つまり、怒りっぽくなるということ。

支配者たちは、使われずに余っている民衆の性エネルギーを、ある時は戦争へと駆り立てることで使わせ、戦争のない地域では、それを激しい経済競争や、あくなき消費欲へと向けさせてきたのです。20世紀以降、言葉にならない欲求不満を抱えた民衆の中には、行き場のないエネルギーを、食べ物やアルコール、ドラッグ、ギャンブル、買い物などで晴らす「依存症」に陥る人たちが増え続けてきました。つまりそう、すべては「支配者たちが金儲けできる方向」へと誘導されてきたわけです。その結果が、今のような自然の循環を無視した環境破壊へとつながっているということ。

もし、この世界の人々の、誰もが性エネルギーを通じて全身全霊の歓びで満たし合うことができれば、戦争は必要なくなるし、環境破壊は終わります。だから私たちは、長年刷り込まれてきた、性エネルギーを後ろ暗く重苦しいものに変質させる、あらゆる封印を手放していく必要があるのです。

この章では、愛と性を「エネルギーのやり取り」として見ることで浮かび上がってくる、危険な落とし穴と、豊かな可能性の両方についてお伝えしましょう。

✳男女がわかり合うために押さえておきたいツボ

そういえば、日本の歌謡曲でも「〽男と女の間には、深くて暗い川がある」(「黒の舟唄」、能吉利人・作詞、桜井順・作曲)などと、いかにも互いの隔たりを強調するかのような歌詞が好んで使われていたもの。私は、その手の歌詞にも、ずっと共感できませんでした。

男と女は、わかり合える。

なぜなら、男の核心には女性性があって、女の核心には男性性があるのだから。もともと同じ部分があるから、融け合えるようにできているのです。

ただ、【第2の封印解除】で詳しくお話ししたように、脳の構造、ホルモンの分泌バランス、細胞の電気的性質などの肉体の違いから生まれる、男女の思考や行動の違いはたしかにあります。そうした基本的なツボを心得たうえでつき合っていくなら、性別とは無関係な価値観の違いはどうしようもないとしても、男と女だからわかり合えないということにはならないし、逆に「違いが快感に」もなるのです。

男性は、女性の「意思を尊重して」ほしい。

個人差はあるけれど、女性に比べて言葉にならない気持ちを汲み取ることが苦手で、言葉でハッキリ伝えてもらうほうがラクな男性は、女性がとくに強く主張しないかぎりは、自分のペースで勝手に事を運んでしまいがち。

そうすると、一見ものわかりのいい女性でも、知らず知らずのうちに「自分の意思を無視された」という不満を溜めていく。「長くつき合っているのに、私のことを全然わかってくれていない」と、相手への信頼感が落ちていきます。

女性は、心が閉じていると、体を開けなくなります。たとえ相手に合わせて仕方なく開こうとしても、「ほと」がゆるまないので痛みを伴うことになる。こんな流れで、妻が夫に「意思を尊重してもらえていない」と感じることがきっかけとなって、セックスレスに突入する夫婦は少なくないのです。

よく男女の違いを説明する例として、「男は女の話に対して、解決方法をアドバイスしたがるが、女はただ共感してもらいたいだけ」というのがあります。実は、解決方法を知りたがる女も少なくないので、これがすべて当てはまるとは言えないけれど、一つ確かなのは、女性は目に見えない感覚を受け取ったり、さまざまな感情を味わったりして揺れ動く心の量が、平均的な男性より多くできており、それを誰かに言葉で分かち合いたいという衝動が強いのです。

女は誰もが「私は、こう感じる」という発信者の本能を持っているのです。だから、「女は黙って男に従え」という男性優位社会の約束事は、女性の本能に逆らう、巨大なストレスを強いていたことになります。

女たちは、男たちに、自分の感じていることを、きちんと受けとめてほしいのです。それを受けとめて共感するために、男たちは自分の中の女性性をうまく働かせていくといいのです。

さらに、男たちがまぐ合いの時に、愛する女性の体を「宝物を扱うように」扱ってくれたら、女性の態度は変わります。もちろん、「そういう時だけ、調子いいんだから」などと責められないように、まぐ合い以外の日常の場面の端々に、そうした態度がにじみ出ていることが前提だけれど。

女性は、男性を「責めないで」ほしい。

一般的に共感や察し合いが当たり前にできるように育ってきた女性は、つき合いが深い男性が自分の期待どおりに行動してくれないと、「なんで○○してくれないのよ！」「どうしてあなたはいつもそうなのよ！」という言い方で不満をぶつけてしまいがち。女性としては、ただ「自分がわかってもらえていない」という不満を言語化しただけなのだけれど、受け取る男性にとっては「責められた」ことになり、さらには「自分が否定された」という感じ方につながってしまう。

「なんで・どうして」と言われても、自分にはそう言われるわけがわからない。お手上げだから、自分を守るために心のシャッターを下ろして、女性にグチを言われている間は貝になったように口をつぐんでしまう男性は少なくありません。その態度がよけいに女性にとって「私の意思を無視された」と見えて、不満を上塗りすることにもなるのだけれど。

【第2の封印解除】では、男性は女性以上に達成感の喜びが強く、自己承認欲求が強い傾向があるとお話ししたけれど、それは裏を返すと、自分のしたことが承認されずに、否定される状況には弱いということ。もちろん外の社会では、責められたり叩かれたりしながら精神を鍛えられているのだけれど、心を休めたい相手であるパートナーにまで責められる事態は「勘弁してよ」となるわけです。

じゃあ、男性を責めてはいけないなら、女は不満など言わずに、彼のすべてを母親のように心広く受容したほうがいいのか？　と言えば、決してそんなことはありません。「女の希望を、男が叶える」という関係性が、お互いにラクで喜びの好循環が生まれやすいという話を思い出してください。とくに女性は、自分の気持ちを男性に伝える努力をやめないほうがいいのです。

ただ問題なのは、その伝え方。もともと、目的意識と問題解決志向が強い男性は、何か課題が与えられると、それを達成しようとする本能が働きやすいのです。だから女性が「私は、こうされると機嫌が悪くなるけど、こうしてもらえると嬉しくなるから、こうしてくれたら助かる！」という具合に、不満の原因・解決策の目的・手段などをトリセツを示すかのごとく明快な言葉で伝えると、「なんだ、そんなことか」とあっさり言うとおりにしてくれるケースが多いのです。少なくとも、そうしようと努力はしてくれます。

トリセツなんて理屈っぽい！　と思うかもしれないけれど、そこは自分の中の男性性を使って、冷静に自分を見つめて組み立てるといいでしょう。

そうして、お互いが相手の特性に歩み寄ることができる二人なら、さまざまなトラブルも乗り越えて、本当にわかり合える、いい相方同士になれることでしょう。

✴愛と性はパワーコントロールで歪んでしまう

私はこれまで、まぐ合いの素晴らしさについて、たくさんお話ししてきたけれど、そこに潜んでいる落とし穴についてもお伝えしないと不十分でしょう。それは使い方しだいで、愛を深める役に立つこともあれば、愛から遠ざかる働きをすることもある、「両刃《もろは》の剣」と言えるものだから。

互いに魅かれ合った二人が、手をつないだりハグするだけで満たされている時、そこに通い合う愛と性のエネルギーは、嘘偽りなく純粋なものに感じられるでしょう。ところが、性器を使った性関係に入った後からが問題で、そこから二人のその愛に対する態度が試されることになるのです。

実は、性器を通じた性行為には、愛とは違った二つのものが付着しています。

それは、**「所有意識」**と**「パワーコントロール意識」**。

これらは、何千年も続いてきた男性優位社会の「所有と支配」で組み立てられた歴史の中で、人類の集合意識に染みついてきた心のクセと言えるもの。それが私たちの無意識の部分にも影響をおよぼしているから、無視できないのです。

恋愛のさなかにこみ上げてくる、「自分は彼に（彼女に）属している」とか「彼の担当は私！」といった、理屈を超えた絆への確信や、「彼は私、私は彼」という一体感は、純粋で美しくもあり、そこが恋愛の醍醐味と言えるものです。

ところが、性関係につきものの「所有意識」とは、それと似ているけれども異質なものなのです。

男女同権になった現代でも、男性が女性と性関係を持つことを「モノにする」という言い方をすることがあります。そう言われたら「もの扱いしないでよ！」と怒る女性は少なくないだろうけれど、その反面、女の側にも「男に所有されること」を求める意識があるのを感じます。なぜなら、所有されることで「生活が安定する」という約束事が社会にあったから。古代から戦前頃まで、性行為には約束を意味する「契り」という言葉が使われていたという話をしたけれど、男性の側にも性関係になった女性とは「責任をとって」結婚するという考え方が、実はバブル以前の1970年代までは生き続けていて、少女マンガにもそういう話がたくさん出てきたものです。

だから逆に、養ってくれる男性がいないと、自分は女として半人前だと恥じる意識も湧いてきてしまう。実際、古くは夫もしくは父親や兄弟など、養ってくれる男性親族がいない女性は、娼婦になることで命をつなぐほかなかった時代もありました。

その一方で、古代ローマでは、夫に所有される立場から逃れたいために、あえて自分を公的な娼婦に登録して、他の男性と自由恋愛をする女たちもいたというからおもしろいものです。

所有意識というのは、自分の社会的立場や精神的安定を保障するために、相手を自分のものとして縛りつけておこうとする意図なのです。これは、男女どちらの心にも生まれるもので、これがあるから「割り切ったおつき合いのつもりの性関係」が、しばしば所有欲がらみの修羅場に発展しやすいというわけ。

しかもここには、ただの社会的な約束事では割り切れない、別の要素が重なっています。それは、触れ合いによる快感やオーガズムを通して湧いてくるオキシトシンには、その相手に対する愛着の念を脳に刻む作用があるということ。

だから、性関係には至らなかった相手や、至っても一度か二度の情事で終わらせた相手よりも、何度も交わりを重ねて、肌がなじんだ相手との別れのほうが、なにか大切な自分の一部を引きはがされるような痛みと欠落感を伴うのです。


でも、それを言うなら今の結婚制度も、法律で二人が所有し合うことを保証する、一種の束縛だと批判的に言う人もいます。ただ私は、結婚制度があること自体が束縛とは思いません。そこには、二人の絆が公に証明される喜びがあり、運命共同体としての覚悟にもつながるからです。

問題があるとすれば、結婚を解消すべき時に、当事者の所有意識が執着となって、それをじゃましてしまうこと。性関係も精神的な絆も失った夫婦が、どちらかの所有意識のために結婚を解消できないなら、たしかに束縛になるでしょう。その場合、今はセックスレスとなった配偶者の所有意識と、性関係がある愛人の所有意識とが、ぶつかり合うトラブルに発展したりすることもあります。

交わっても所有し合わない、ただその時「愛しい」と思えるから一緒にいる、という心で日々向き合えるなら、かえってそのほうが愛は不測の事態《アクシデント》を越えて長続きすると思うのだけれど。ただそれには、男も女も「たとえ一人になっても生きていける」と思える「自立した心」

と「経済的な仕組み」の両方が必要なのだと痛感します。

もう一つの「パワーコントロール意識」は、所有意識とも重なる部分があります。「パワーコントロール」というのは、男女を問わず、これまでの人間社会につきものの問題で、**「相手を自分の思いどおりに操ろうとする意図」**のこと。

男尊女卑の社会では、男が女を「手ごめにする」、つまり強制的に性関係を持つことで、自分をご主人さまとして服従させるという考え方がまかり通っていました。世界には、今でもこれが続いている地域もあります。性関係が、支配の道具として使われてきたのです。そこには「お前一人では何もできないだろう?」という、女に対する侮《あなど》りがあったわけです。

たとえそこに恋愛感情があって、そばにいてほしいというのが本音だったとしても、それには「自分の女でいてくれるなら、いい生活を与えてあげよう」といった交換条件がつきものでした。愛と性は「取引」の道具だったのです。こうして多くの女たちが、愛のない性交や、愛情はあっても尊重を伴わない性交で、「自分のエネルギーを搾取され、奪われた」という心の傷を抱えることとなったのです。

だけど実は、傷ついてきたのは女ばかりではありません。生きることにしたたかな女たちは、自分の体が「取引の道具」として価値があることを逆手にとって、それと引き換えに相手の男性から自分の欲しいものを手に入れることや、目的が果たされたら相手を切り捨てるということもしてきたので、そうされた男たちには、純情を踏みにじられ、侮られ、利用されたという心の傷が残ったのです。

一つ確かに言えるのは、「こうしてくれたら、これをあげる」という取引の感覚で行われる性行為は、ある程度以上の深みには進むことができないということ。恋愛にパワーコントロールが絡む時、それは「条件付きの愛」となります。それに対して、**性エネルギーは、相手との「取引の感覚」がない、「無条件の愛」を発している時に、最も自由に通い合い、高らかに飛翔するのです。**

今の世界で、そうしたまぐ合いを謳歌できている人は、いったいどのくらいいるのでしょうか？

きっと、今の日本人の現状は、過去数千年間続いてきた愛と性にまつわる価値観が、大きく方向転換する兆しを示しているのです。つまり、セックスレス・カップルの急増は、暴力や恥の意識で歪められた、古いセックスのあり方をいったんリセットするため。そして、おひとり様の急増は、所有欲やコントロール意識で縛り合う、古い男女関係をいったんリセットするための現象ではないかと感じます。

✴豊かな「セクシャル・コミュニケーション」を交わすために

恥と暴力のイメージで塗り込められ、お互いが気持ちよくなれない方法で行われるセックスに、イヤ気が差してやらなくなった男女が史上最高に増えている今、それとはまったく違ったイメージと方法による《至福のまぐ愛》の交わし方について、ここまでお伝えしてきました。

さらに、これからの男女がもう一つ大切にしたらよいと思うことがあります。それは、セックス以外の親密なスキンシップを、広い意味での「**セクシャル・コミュニケーション**」として楽しむこと。性器まで交わらせなくても、心をこめて触れ合うことで、オキシトシンは分泌されるし、電子の交換も起きるからです。

実はセックスレスでも、キスやハグはする、またはよく手をつなぐという夫婦は結構多いもの。唇は「気」が集中する「三峰」の一つであるし、手は胸の中心のハート・チャクラと連結しており、愛情のこもったエネルギーが伝わりやすい場所。やはり多くの夫婦が、本能的に何らかの形で「性エネルギー交流」になることを行っているのだと感じます。

また、軽くふわっと包み込むような優しいハグは、セクシャルな関係ではない者同士でも、親愛の情を伝えるのに役に立ちます。あまり触れ合いたくない、相性の合わない人とは、それなりの距離をとりつつも、触れ合いたい人には惜しみなく与え、そして返ってくるものを受け取るのです。

そうして心を込めたエネルギーの通い合いに対して、感覚が開かれていくと、セックスをしなくてもオーガズムを感じられるようになっていくのをご存じでしょうか?

たとえば、プラトニックな関係の男女が、服を脱ぐことなく、愛しい思いをこめて全身を触れ合い続けているうちに、お互いの体が震え始めて、全身に広がる優しいオーガズムに包まれたというお話。

また、ある夫婦が、セクシャルな意図も感覚もまったくなしに、ただ「行ってらっしゃい」のハグをしていた時、なんとなく心地よくて、いつもより長く続けていたら、不意にお互いの体に震えが起こって、しばらく止まらなかったというお話。

どちらも、私の読者の方々の身に起こった出来事です。

私自身も、生身の人とのまぐ合いや自愛以外にも、さまざまな場面でオーガズムが起こる体験をしたことがあります。たとえば、深い呼吸とともに長い瞑想を続けた後、一人で横たわって休んでいた時に、体の奥からこみ上げてきた強い震え。それから、愛する人がそばにいない状態で、遠く離れていても伝わってきた、私を想う彼の体の気配に包まれて起こった、圧倒的な性エネルギーの奔流。

また、お気に入りの樹木に身を任せながら深い呼吸を繰り返していると、オーガズムと同じように甘美な震えに包まれることがあります。どうやら電子交換としての性エネルギー交流は、植物などの自然物との触れ合いでも起こるもののようです。

✳肉体に触れなくても起きるオーガズムの意識変容体験

私たちの体には、まだまだ未開発の能力がたくさん秘められています。そして、それを開くための重要なカギとなるのが、性の力なのです。

たとえば、中国に古代から伝わる「仙道」という修行体系では、体内の性エネルギーを活性化し、外に漏らさず昇華させることによって、悟りにいたることを目的としています。修行が進んだ段階では、男女の行者同士が服を着たままで触れ合うことなく、ただ正座して見つめ合うだけで性エネルギーを昇華させて、高度なエクスタシーを得ていたといいます。実は私は、偶然のいきさつで何度もそれと似たような現象を体験したことから、それが決して架空の物語ではないことを確かめることとなりました。その一つを紹介しましょう。

それは、インターネットで読物サイトを運営している30歳くらいの青年社長が、拙著（『なぜ性の真実セクシャルパワーは封印され続けるのか』）の取材にみえた時のこと。その中に出てくる、縄文遺跡の丘で撮影をしたいというので、緑の丘を案内する道すがら、彼が他の人にはあまり語れないだろう、内密らしい過去のいろいろな体験を語ってくれたのです。彼が自分を飾ることなく、あまりに素直に自己開示していることが、とても心地よく感じられました。それが少しも不快でないのは、お互いに相性のいいエネルギーを持っているからだろうと思ったのが、この後で起こることの伏線ともなりました。

撮影後、カフェに入って、初めは本や私自身についてのインタビューを受けていましたが、私がカウンセラーでもあるせいか、いつのまにやら話題は彼自身をカウンセリングするほうへと流れていきました。

もともと、本のテーマが性について書かれたものなので、「奥さんとは、どうなんですか？」と水を向けてみました。すると、

「いやあ、ウチは女房が子供を産んで体型が崩れたりすると、何かその気になれなくなって、今年生まれた子供は二人目ですけど、毎回セックスレスが続いちゃうんですよ」

私は、その〝体型が崩れると〟という言葉にピンとくるものがありました。

「もしかしてあなた、AVが好きじゃないですか？」

これが図星だったようで、

「いや実は、いまだにやめられないんです」と苦笑い。

「目から入る刺激に慣れてるから、体型が気になっちゃうんですよね。そうじゃなくて、奥さんの体に〝触れて気持ちいい――〟ってところから入っていけたらいいんだけど」

「実は、自分は女房の前に女性経験がないんで、AVを観て勉強しなきゃって思うところがあって……」

ここにも誤解している男性がいた。

「あれは女性にとっては気持ちよくなれない〝逆お手本〟みたいなところがあるから、参考にしなくていいですよ」と笑って釘を刺し、

「相手をイカせよう、イカせようって、力んでやっていませんか？　それよりも、自分が気持ちよければ、相手も気持ちいぃ――って、そういうものなんですよぉ――」

歌うように語っていたら、やおら彼は心打たれたように、

「あぁ、そうか……！」

と、ひと声発したかと思うと、そのまましばらく絶句してしまいました。

仕事を放棄したかのようなインタビュアーさんを前に、私が怪訝《けげん》な思いで首を傾げると、彼はさらにガクンと顔を伏せるようにして、かたわらの壁に頭をもたせかけてしまいました。続いて、ようやく身を立て起こすと、ワイシャツの袖をまくり上げてこう言ったのです。

「先生、ヤバイです。鳥肌が立ってます……！」

いったい何が起こったのか説明してもらったところ、彼が絶句していたその束《つか》の間に、鳥肌が彼の全身をぐるりと循環するように、勢いよく流れながら走っていったのだと言う。それは

ちょうど、東洋医学でいう経絡《けいらく》の流れに沿うような道筋でした。

さらにふるっていることには、

「今、天国にいるように気持ちがいいです……！」

と、うっとりした面持ちで言うのです。

これは、性エネルギーが上昇して脳まで達した人の反応です。ちなみに彼は若い頃に、海外でいくつかの合法ドラッグを試した経験があるそうですが、どんなドラッグよりも今のほうが気持ちいいのだと言いました。これはつまり、私たちの体には、どんなドラッグよりも気持ちよく、しかも安全な脳内ドラッグを自分で作り出せる能力が備わっているということ。

そのうえ彼は、多くの男女にとって希望になるようなことを証言してくれました。

「今この状態でＡＶを観たら、〝何これ、気持ち悪い！〟って思って、体が拒否する感じがします」

驚いたことに、ＡＶが好きでやめられなかった男性でも、真実のエクスタシーを知れば、低劣なものは体が受けつけなくなるのです。

「そう、その感覚で奥さんと向き合えば、すごくいい感じでできますよ…！」

私も彼の、予測をはるかに飛び越えた変化が嬉しくて、大いに励ましたのです。

なぜ彼の身に、突然の性エネルギー覚醒現象が起こったのか？

そのカギは「あぁ、そうか……！」のひと声に秘められていました。彼はその時、「自分が気持ちよければ、相手も気持ちいい」という私の言葉が刺激となって、これまでどうしてもわからなかったことが急に理解できた解放感で、一瞬、頭の中が真っ白になったような「空《くう》」の状態に陥ったのです。

それは、時間の感覚がなくなって、何でもできそうに思える、よく極度に集中したアスリートや対局中の棋士に起こるといわれる「フロー体験」（「ゾーンに入る」ともいう）と同じ感覚だったと言います。すると次の瞬間、鳥肌が立つような震えが全身を貫いたのでした。

まったく、おもしろいなと思いました。私には、彼をこんな状態にしてやろうという意図はいっさいなかったわけだけれど、たしかに私の体や声を通して、女性から男性へと流れていくエネルギー法則の影響はあったのだろうと思います。なにしろ私は、彼との撮影から会話までの一連のやり取りを楽しんでいたし、エネルギーがなじみやすい相性だったのかもしれません。彼は、「夏目さんの手の平の上で転がされたような感覚でした」と表現しましたが、実は私に相手をコントロールしようとする意図がなかったからこそ、逆にいい反応を起こせたとも言えます。

ただ、最終的にそのボタンを押したのは、彼自身の力なのだと感じていました。

それは、こういうことです。

普段、多くの男性は「こうでなければ・こうであらねば」という、自分で組み立てた思考の枠組みで自分を縛っているものです。そこで、発想の違う女性の言葉を投げかけられた時に、「えぇ？　でも俺はね……」と抵抗する反応になりやすいところ、そうする代わりに彼は「あぁ、そうかー」と全面降伏するように受け入れた。いわばその時の彼は、相手に身を委ねて受容する、自分の中の女性性がパカンと開いたのです。つまり、この性エネルギーの覚醒は、彼の中の女性エネルギーと男性エネルギーが融け合って、化学反応を起こしたからなのだと私は思っています。

インタビューを終えて帰路についた後も、彼の天国状態は延々と半日ほど続いたといいます。それはなんと長続きするオーガズムなのでしょう。その間、世界はキラキラと輝いて見え、行きずりの人たちも、すべていい人に感じられたのだそうな。

私は彼の話を聞きながら、「もしかしたら、瞑想修行で悟りを開いた聖者というのは、こういう状態が一生続いた人のことだったんじゃないか？」と想像しました。

彼の場合は、残念ながら、ひと晩寝たら元に戻ったそうですが、それにしても、厳しい瞑想修行を続けたわけではなくても、人は自分の中で性エネルギーが高く舞い上がって、脳が覚醒にいたれば、悟りを開いたような意識状態になれるのです。

おそらく太古の人たちは、こうした覚醒状態を日常的に体験していたのだ、と私は確信しています。だから、たとえ物が今の時代ほど豊富でなくても、彼らの精神生活は至福であふれていたのでしょう。そうして、それぞれの村では男女が対等に助け合う調和があり、また村同士の大きな争いも起こらない、平和な時代が幾万年も長く続いたのです。

その後私たちは、何千年もの長い間、本来の姿よりも醜く汚い生き物であるかのように思い込まされてきました。たとえば、地球の自然は美しいけれど、人類はそれを欲望のままに汚し、破壊してしまう地球のやっかい者だというように。だけど、本来の人類は、自然環境を美しく整えることができる機能を備えて生まれてきた、「地球の美化委員」の役割といえる美しい生き物だったのです。そしてその美しく整える機能とは、性エネルギーの働きを通して発揮されるようになっています。

ところが、その「性」から湧き出す欲求や行為そのものが、下品で恥ずかしいこととされたために、私たちは本来の豊かな力を使えなくなってしまったのです。もっと言えば、私たちの命を産み出す行為を「醜く下品なもの」だと決めつけられたからこそ、私たちはそのとおり、地球の自然に対して醜い働きをする生き物に成り下がったのではないでしょうか。

性とは、陰と陽、マイナスとプラスのように、二つの対照的な極性のこと。惹かれ合う性があるところに愛が生まれ、それによって新しい命が生まれます。

〇の女性が虚空《こくう》からエネルギーを受け取り、|の男性がそれを遠くまで動かす。両方がかけ合わさることで、次の世代へと進化する。つまり私たちは、〝2進法〟の生き物なのです。

世界には今も、争いの火種や不和が数多く残されているけれど、たぶん数千年単位の大きな流れで見れば、世界は確実に平和と調和に向かっています。

世界の平和は、男女が仲良く暮らすことから始まります。

私たちの誰もが持って生まれている「性」という「贈り物《ギフト》」を卑下するのをやめて、美しく使いこなすことができれば、世界はガラリと変わります。

それをもうすぐ実現できそうな時代に生まれ合わせたことを、私は幸運だと思っています。

コラム『アナと雪の女王』に描かれた、これからの男女の素敵な寄り添い方

2014年に大ヒットした映画『アナと雪の女王』は、ディズニー映画とは疎遠だったオトナの男女をも夢中にさせて、世界各国で社会現象となりました。とにかく終盤のどんでん返しがお見事だった、そのストーリーの特筆すべき点は、これまで初期の白雪姫、シンデレラ、オーロラ姫から、20世紀末に登場した、もっとお転婆なアリエルまで、ディズニー映画を代表する歴代のプリンセスたちが踏襲してきた「素敵な王子様に見初められてパートナーに」というお約束を、ここで鮮やかに「それはもう無効！」と引っくり返してみせたこと。

そこで、これを観た大人の女性たちの感想としてよく聞かれたのが、「これって、男からの愛はもう必要じゃない、女同士の愛（友愛・親愛）があればいいってメッセージよね。ますますおひとり様志向が強くなりそう」というもの。でもそれは、演出があまりに効果的だった副作用なのでしょう。注意深く見れば、この映画はそれとは真逆の、今までの時代よりもっと男女が幸せに寄り添うために役立つメッセージを含んでいると言えるのです。

実は私にとって、もう一つ強烈な印象を残すシーンは、本題に入る前の前座として見過ごさ

れそうな出だしにやって来ました。白夜の暗がりの中で、筋骨たくましい北欧の山男たちが、まるで悪役みたいに猛々しく、氷湖の氷を切り出し、運び出していく重厚な情景。それは、個人的には細身の男のほうが好みだった私でさえ、「ああ、これこそ女の肉体では叶わない部分を実行してくれる、頼もしい男性性そのもの！　男性って素晴らしい存在だなあ」と、しびれるような感動をもたらすものだったのです。

そんな彼らを見習って育った小さな少年が、やがて彼らとそっくりな力持ちの山男となって、アナと出会ったわけです。一見、優美で女慣れした王子様とは正反対の、武骨で口下手で、だけど率直で義理堅い男。すっかり王子様の甘言に舞い上がって、急性の恋の中にいたアナも、単なる「行きがかり上、助けてもらうことにした男」にすぎなかった彼に対して、ラスト近くで明らかに〝離れがたく感じた〟一瞬があったのは「いい兆候」でした。

このパートナーチェンジが意味するのは、王子が体現する、自らの欲望を果たすために女を道具のように操ろうとする男（＝権力的な男性性の象徴）ではなく、私心なく全力で女を守れる実直な男（＝女性を自由に羽ばたかせてくれる、見守り手としての男性性の象徴）こそが、王女の相方としてふさわしいということ。

ところが、アナの命を救ったのが、心が通じ合った彼でさえなかったことから、「やっぱり男女の愛より女同士の愛が信用できる」という誤解を招いたわけですが、実はこれこそが〝最善の解決策〟だったのです。

というのも、これまでの時代の女性は、本来の女性性の長所である「他者と上下関係でなく横につながり、分け隔てなく連帯する」という特性を、社会の中でうまく使えていませんでした。女性にそれをできなくさせていた原因は、「男に選ばれた女」と「選ばれなかった女」との間に、勝ち組・負け組という無言の境界線が引かれ、「選ばれた女に対する嫉妬の感情」というものが、分け隔てのない連帯の障害となっていたからです。つまり、あのまま山男の彼にアナが救われてハッピーエンドとなっていたら、アナとエルサの間に「男に選ばれた女」「選ばれず孤独な女」という立場上の断絶が生まれていたことでしょう。

だからまず、女性同士が無償の愛で助け合い、お互いが満たされた存在になることが必要だったということ。姉妹という横のつながりの愛で互いを救い合い、自力で立てるようになったうえで、女の自由を支えてくれる、真に頼りになる男をパートナーとして選ぶ。このプロセスの中にこそ、古い時代の男女の、相手を所有し合い、コントロールし合うというパターンを超えた、もっと幸せな男女の結びつき方が見て取れるのです。

エピローグ――「女は損」から、「女に生まれて良かった！」への転換点

それは2017年のこと、この年に最もブレイクした女芸人・ブルゾンちえみさんが、パフォーマンスの最後に毎回叫ぶ決めゼリフ、

「女に生まれて、良かったー！」

というのを初めて聞いた時、私は大きな感慨に包まれました。

それは、数千年前からつい最近までの長い時代にわたたって、大勢の女たちが
「女は損だ・女なんてつまらない・男に生まれたほうが良かった」

とボヤき続けてきた時代の終わりを告げる「ときの声」のように響いたのです。


思い返せば、私の中学時代のホームルームでも、学校の図書館の目立つ所に置かれていた、そのものズバリ『女は損か』という啓発書のタイトルにちなんだ討論会が開かれたことがありました。

すると、同級生の女の子たちが口々に〝女は結婚したら仕事をやめないといけない、男と差別される、だから不公平だ〟という調子で、どんなに女が損で男が有利かという意見を並べ立てるのを、私は不思議な思いで眺めていました。

なぜなら、私の中では逆に、「女はトクだ」という考えが頭を占めていたから。それは当時の私が、社会で女性が背負ってきた苦労の実態というものに無知で、物事を甘く見積もっていたせいでもありますが、女という立場は、例えば男並みに仕事を頑張れば「女なのにスゴイ」と感心してもらえるだろうし、仕事をしたくなければ家庭に入っても許されるというように、男よりも自由度の高い動きができると思えたのです。しかも、非常時に先に救助されるのは女だと決まってる、これが有利でなくて何なのだろう？　と。

何より私が感じていた核心的な理由は、会が終わってから女友達だけに言いました。

「女って、絶対トクだよ。だって、女であることって〝武器〟になるじゃん」

もっとも、そこで即座に同意してくれた女の子は、一人もいなかったのだけれど。

話は少し遡《さかのぼ》って、小学校の高学年時代のこと。

学校の休み時間に、自分と同じぐらいの体格の男子と、かけっこ対決をしたことがありました。スタートラインに立ったその時、私は勝負のゆくえを大真面目にこう読んだのです。

（もし、足の速さが互角なら、胸がちょっと出てる分、私が先にゴールに着ける！）と。

そして実際に、胸が先に前に出るように突き出した姿勢で走り抜けたら、本当に私が勝ってしまったんですね。歓声を上げる女の子たちに、「おっぱいの分、勝ったわよ」と、別にまだ大して発達していなかった胸を誇らしげに示していた私のありようは、まるで無邪気な少年が「男はおちんちんがあるから、エライぞ」とわけもなく誇っているのと同列のおめでたさだったかもしれないけれど。

ともかくも私は子供の頃から、女の体に生まれたことを根本的に誇りに感じていたのです。そしてその誇りは、大人の女になってからこそ生きてくるもの、という思いも抱えていました。

まったくもって不思議な話なのだけれど、私は処女の頃から性に対して「プロ意識」を持っているという妙な少女でした。中学の頃には、将来はＶＩＰ相手の高級娼婦をやってみたいなどと思っていたこともあります。それは私にとって、お客様を歓びに導く専門職というイメージがあり、抵抗なく受け入れられるものだったのです。幸か不幸かその後の人生の歯車は、そうはならない方向に進んでいったのですが、当時は「性を体験してから、私の本当の人生が始まる」と期待していたものでした。

実際に、１６８ページでお話ししたように、私はその初体験の時から、とっさに相手の男の子の動き方に注文をつけていたし、初体験後間もなく年上の男性とつき合い始めた時に、「きみは風俗店で働いていたことがあるだろう、正直に言ってくれ」

と問い詰められて困惑したことがあります。まだ初心に近い小娘だったのに、本当にプロ経験者だと思われてしまったのですね。

種明かしをすれば、私はただ、喜びに対して常に前向きで、何も抑圧せず、思うままにふるまっていただけなのです。一般的には、多くの女性が性交の中で「自分じゃなくなるみたい」なのが恥ずかしい、「自分を失う」のが怖いと言うけれど、私は逆に、その時こそ「本当の自分になれる」、女性としての本領発揮の場なのだと思っていました。

それはまるで、自分が抱いていた意識が、本当に人にそのように思われる結果を生んだようでしたが、想像力をたくましくすれば、はるかな太古より大勢の先祖から受け継いだ私のDNAの中で、性教育担当の女神官や高級遊女といった女性たちの遺伝情報のスイッチがオンになっていたのではないかと仮想しています。

ただし、私が自分と重ねて捉えていた性の専門職というのは、あくまで恵まれた立場の娼婦だったと言えます。そう、娼婦という身分は、古代から二つの道筋に分かれていたのです。神殿娼婦や、日本の花魁《おいらん》などの高級遊女のように、力ある者から身分を保証されて、自尊心を持って働けた女性と、男尊女卑の社会でお金のために身柄を縛りつけられ、性の道具として働かされていた女性と。

そしてこの二つの流れは、現代のセックス・ワーカー（性的サービス業従事者）の女性の間にも引き継がれています。人の役に立つサービス業として、誇りを持って働けている女性もいますが、それは恵まれているほうでしょう。借金のために仕方なくこの仕事に身を投じて、お客から欲望解消の道具のように扱われることに傷つき、恥と罪悪感を抱えている女性の声も多く聞きます。これは、古い男尊女卑の時代に埋め込まれた意識が、いまだに続いている証拠です。

21世紀の今、国際的に新しく確認された人権の一つとして、誰もが「性的健康」を実現するために持っている「性の権利」（セクシュアル・ライツ）というものが提唱されているのをご存じでしょうか？

１９９９年に「世界性の健康学会」で採択され、２０１４年に改訂された「性の権利宣言」では、「すべての人々が、強要・差別・暴力を被《こうむ》ることなく、楽しく、安全な性的経験をする可能性を持つこと」を求めています。

誰もが快適な性体験を楽しめるようにするということは、性が福祉の対象にもなるということ。例えば障がいなどの事情で、性欲があっても、それを満たすことが難しい状態にある人へのサービスも尊重されることになるでしょう。そうした分野も含めて、その行為でなければ満たせないものを提供する職業として、セックス・ワーカーの存在意義はあると言えます。

ただしそこに、男性が女性を物扱いせずに人として尊重する態度と、体を開いてくれる奉仕に感謝するという意識が育たなければ、この職業はこれから成り立たなくなっていくことでしょう。

〝「女に生まれて良かった」宣言〟が公共の電波で発信されて、これからいよいよ女性が生きやすくなりそうな今、この世界が向かいつつある先行きについて、私が予想しているヴィジョンがあります。

これまでのように、自然環境に無理をさせ、搾取するような暮らし方では、大地も海も立ちゆかなくなることは明らかです。それを強く自覚した人たちが、「自然環境と共生する、エネルギー循環型の暮らし方」を目ざして助け合う、ゆるやかな結びつきのコミュニティが、各地で自主的に生まれていくのではないでしょうか。

そうしたコミュニティでは、誰もが「自分のできること」を人のために提供することで、対等なエネルギー交換の形で、他者に貢献することができます。絵が得意な人は絵を描き、料理が得意な人は食事を用意し、子供の世話が得意な人は子守役を引き受けるというように。そこでは、子供たちから大人までの幅広い世代を対象に、さまざまな分野について教える「先生役」も必要です。もちろんその中には、「性の心得」について青少年に教え、大人の相談にも乗れる「性教育役」がいるといいでしょう。

そんな「地域の性教育役・性の相談役」になれる人たちを育てるのも、私の役割の一つではないかと思っています。

もっとも私自身は、自分が今のように人前で性について教える仕事を始めることになるとは、その直前まで思いもよらなかったのです。事の起こりは2002年、私が評論誌に寄稿した、援助交際にまつわる提言エッセイに、山形県の非営利団体の事務局長さんが目を留めて下さり、「性の大切さについて、本音の講演をして下さい」と、私にとっては人生初の壇上に引き上げて下さったのが、その始まりでした。

無事、お役目を果たした後の懇親会では、「こんなに何度も『セックス』という言葉を使って、性の話をしているのに、全然イヤらしくない」といった驚きを語る感想が、何人もの男性の口から繰り返され、ある議員の方は、

「これからウチのかあちゃんと仲良くしようと思います」

と、晴れやかな表情で意気を上げました。

何やら皆が「童心に還っている」のにも似た、清々しい明るさが会場のお座敷を満たしていました。きっと、「**大切なことを**、**照れや気兼ねでごまかさずに**、**素直に大切と言えることの爽快さ**」を、皆が味わっていたからではないでしょうか。

この晴れやかさ・清々しい明るさは、今も続けている全国各地でのセミナーの場で、参加者の皆さんと性にまつわる本音のシェア会を持った時にも、一貫して流れているものです。

イヤらしくなるどころか、**私たちは**、**性の話を通じて**「**童心になれる**」のです。

そして、そうなった時の私たちの姿は、もしかすると縄文人のあり方に近づいているのかも

しれません。

本書は、2008年に最初の性の本を出版してから10年間、まだ本には書かれていない新しい発見や気づきを、セミナーや個人セッションでお会いする皆さんにどんどんお話ししながらバージョンアップを続けてきた、「至福の性と命の奥義」の集大成です。その奥義をやわらかな感性で吸収してくれて、古いトラウマや自己否定を潔く手放し、自己信頼に満ちた幸福な男女へと、見るも鮮やかな変容を体現してくれた、たくさんのお客様との出会いのお蔭で、本書の中身はいっそう深みを増しました。真摯な心で受け止めて下さって、本当にありがとうございます。

また、章末ごとにはさみ込んだ短い詩歌は、「五行歌」という20世紀に詩人・草壁焰太氏によって新しく創案された定型詩の形で書いています。この自由度の高い詩形の師と出会えたことは幸運でした。

そして、この本がこのように魅力的な装いで世に出せるようになるまでのプロセスを見守り、助けて下さったすべての方々に、深く感謝申し上げます。

*

物心ついた時から、女に生まれたこと自体は全肯定していた私でしたが、その体を〝武器〟

と表現していたということは、やっぱりどこか自分の体を「道具」のように扱う、間違った意識を隠し持っていたのです。本当の意味で「自分の体を大切にする」意味を知るのは、大人になった後でした。

思春期のダイエットの手痛い失敗体験をどんどんこじらせて、〝自分の体なんてどうなってもいい〟という心の闇を抱えたまま大人になった私は、夫から「宝物のように大切にされる」体験を通して、自尊心を取り戻していきました。

一方で夫も、少年時代から自己評価が低い部分があり、口下手な気性だったのですが、私が性の場面でも、日常会話でも、〝あなたといられて、こんなに幸せ〟というメッセージを手放しで表現していたからでしょうか、どんどん快活で愛情表現が豊かな人になり、仕事の能力も短期間でみるみる成長を遂げて、若くして成功を収めていきました。まさに「あげまん現象」が起きていたのでしょう。それは本当に幸福な関係性だったと感じます。

その後、運命の波に呑み込まれて、私は未亡人となりましたが、私の中に色褪《あ》せることのない「幸福な男女関係」の礎《いしずえ》を築いてくれた、私と子供たちを誠実に全力で愛し続けてくれた夫に、あふれる愛と感謝を贈ります。

2018年1月

夏目祭子

〔参考文献〕

『相似象（創刊号）』宇野多美恵編／相似象学会事務所
『タオ性科学』謝明徳著／鎌﨑倬寿訳／エンタプライズ
『仙道双修の秘法』張明彦著／太玄社／ナチュラルスピリット
『フロー・セックス』瀬尾港二著／アスペクト
『「会社帰りに一杯」の習慣は大正解だった：癒しの脳内物質・オキシトシンが心を満たす』有田秀穂著／マイナビ新書
『SEX ＆ our BODY―10代の性とからだの常識〔新版〕』河野美代子著／NHK出版
『生理用品の社会史』田中ひかる著／ミネルヴァ書房
『女性と穢れの歴史』成清弘和著／塙書房
『昔の女性はできていた』三砂ちづる著／宝島社文庫
『お産の歴史』杉立義一著／集英社新書
『母になるまでに大切にしたい33のこと』吉川正・島袋伸子著／WAVE出版
『いのちのむすび：愛を育む豊かな出産』市川きみえ著／晃洋書房
『産むからだすこやかに』おのさなえ著／自然食通信社
『40歳からの女性ホルモンの高め方』対馬ルリ子監修／PHP研究所
『聖なる快楽：性、神話、身体の政治』リーアン・アイスラー著／浅野敏夫訳／法政大学出版局
『よみがえる縄文の女神』渡辺誠著／学研パブリッシング
『古事記〔完訳日本の古典〕』荻原浅男訳／小学館
『なぜ性の真実「セクシャルパワー」は封印され続けるのか』夏目祭子著／ヒカルランド

夏目祭子（なつめ　まつりこ）

真実の性の語り部・作家・カウンセラー。

一般社団法人「性・愛・命の学び舎」代表理事。心身機能研究家（特に「性」と「食」の仕組みの解明を得意とする）。女性医療ネットワーク認定・女性の健康総合アドバイザー。全米ヨガアライアンス認定講師。日本性科学会・日本摂食障害学会・女性医療ネットワーク会員。

1999年、ダイエット依存症・摂食障害克服ノウハウを織り込んだ自伝小説『ダイエット破り！』（河出書房新社）でデビュー。《腸脳快感アンチダイエット・食欲マネジメントメソッド》提唱者として、多くのダイエッター、摂食障害経験者、医師・セラピストから支持されている。

2002年より「魂に響く性教育」講演活動を開始。佐世保市教育委員会、都内女子中高、看護学校、病院研修会、世界エイズデーなどにも招かれる。全国で「大人が学び直す本当に幸せな性」や「過食癖が解消するアンチダイエット生活術」をテーマに、座学とボディワークの両面から指導するセミナーや個人指導を行い、開催地は31都道府県に及ぶ（2020年時点）。

TV・ラジオ・雑誌などメディア出演歴多数。

主な著書は『なぜ性の真実「セクシャルパワー」は封印され続けるのか』（ヒカルランド）、『太らない人のヒミツ——腸で考え・脳で感じて・美力めざめる』『ダイエットやめたらヤセちゃった』（以上、彩雲出版）、『愛し愛される力が開花する「ちつ力」メソッド』（大和出版）ほか。

ブログ　http://ameblo.jp/matsulico01/
　　　　https://note.com/matsulico
一般社団法人「性・愛・命の学び舎」http://www.sei-ai-inochi.jp/
メルマガ「聖なる性の贈り物」 http://www.reservestock.jp/subscribe/46105

Sexual Power Bible
あなたが目覚める愛と性のギフト
至福の男女関係をつくる［6つの封印解除］

第1刷　2018年2月28日
第3刷　2021年3月5日

著　者　夏目祭子
発行者　小宮英行
発行所　株式会社徳間書店
〒141-8202　東京都品川区上大崎3-1-1
目黒セントラルスクエア
電　話　編集(03)5403-4344／販売(049)293-5521
振　替　00140-0-44392
本文印刷　本郷印刷(株)
カバー印刷　真生印刷(株)
製本所　大日本印刷(株)

ISBN978-4-19-864553-3